Walther Ziegler

10 große Fragen
der Philosophie
in 60 Minuten

AF192244

Dank an Rudolf Aichner für seine unermüdliche und kritische Redigierung,
Silke Ruthenberg für die feine Grafik, Angela Schumitz, Lydia Pointvogl, Eva Amberger,
Christiane Hüttner, Dr. Martin Engler für das Lektorat
und Dank an Prof. Guntram Knapp, der mich für die Philosophie begeistert hat.

Bibliografische Information der Deutschen Nationalbibliothek:
Die Deutsche Nationalbibliothek verzeichnet diese Publikation in der Deutschen
Nationalbibliografie; detaillierte bibliografische Daten sind im Internet über www.dnb.de
abrufbar.

© 2022 Dr. Walther Ziegler
Umschlaggestaltung und Grafik des gesamten Buches: Silke Ruthenberg
unter Verwendung von Illustrationen von:
Raphael Bräsecke, Creactive – Atelier für Werbung, Comic & Illustration (Zeichnungen)
© JackF - Fotolia.com (Bilderrahmen)
© Valerie Potapova - Fotolia.com (Bilderrahmen)
© Svetlana Gryankina - Fotolia.com (Sprechblasen)
Herstellung und Verlag:
BoD – Books on Demand, Norderstedt

ISBN 9-783-7568-5780-7

Inhalt

1. Was ist die Realität? 5

2. Was ist das Bewusstsein? 13

3. Gibt es den freien Willen? 21

4. Was ist der Sinn des Lebens? 35

5. Kann man beweisen, dass es Gott gibt? 53

6. Wenn es Gott gibt –
warum lässt er Leiden zu? 65

7. Was ist eigentlich Gerechtigkeit? 73

8. Gibt es ein Ende der Geschichte? 87

9. Gibt es eine Formel, die alles erklärt? 109

10. Was ist Zeit? 119

1.

Was ist die Realität?

Im Alltag glauben wir alle recht genau zu wissen, was Realität ist und was nur Phantasie. Doch ganz so einfach ist es nicht. Der Philosoph Descartes erinnert uns daran, dass wir niemals exakt wissen können, ob das, was wir gerade sehen, auch real ist:

[…] da sehe ich zufällig vom Fenster aus Menschen auf der Straße vorübergehen, von denen ich […] gewohnt bin, zu sagen: ich sehe sie, und doch sehe ich nichts als die Hüte und Kleider, unter denen sich ja Automaten verbergen könnten![1]

In vielen Fällen ist das, was wir sehen nicht die Realität, sondern nur eine Sinnestäuschung. Wenn wir einen geraden Stock zur Hälfte in einen See eintauchen, sieht es so aus, als hätte er in der Mitte einen Knick. In Wirklichkeit handelt es sich dabei nur um den optischen Effekt der unterschiedlichen Lichtbrechung über und unterhalb des Wasserspiegels. Auch eine Kirchturmspitze, die in der Mittagshitze golden glitzert, muss noch lange nicht aus Gold sein und kann bereits im Abendlicht rötlich leuchten.

Und wenn wir träumen, so Descartes, verschwimmt der Unterschied zwischen Wirklichkeit und Phantasie noch mehr. Viele Kinder träumen, dass sie fliegen oder über dem Bett schweben können. Nach solchen Traumerlebnissen sind sie in der Regel sehr enttäuscht, wenn sie nach dem Aufwachen realisieren, dass alles nur eine Illusion war. Es kommt sogar vor, dass Kinder morgens in ihrem Bett erwachen und auch dann noch in der Lage sind, über dem Bett zu schweben und langsam wieder zu landen. Doch wenn sie dann ihre neue Fähigkeit voller Freude den anderen Familienmitgliedern zeigen wollen, erwachen sie ein zweites Mal und diesmal wirklich. Es wird ihnen bewusst, dass sie nur geträumt haben, dass sie aufgewacht seien und immer noch schweben könnten. Solche und ähnliche Erlebnisse veranlassten Descartes zu einer weitreichenden Schlussfolgerung:

Denke ich einmal aufmerksamer hierüber nach, so sehe ich ganz klar, dass Wachsein und Träumen niemals durch sichere Kennzeichen unterschieden werden können [...].[2]

Aber auch unabhängig vom Zustand des Träumens oder Nicht-Träumens kann die Wahrnehmung der

„Realität" durchaus zum Problem werden. Der Philosoph Schopenhauer weist uns darauf hin, dass verschiedene Individuen oft ganz verschiedene Vorstellungen von der Realität haben:

[...] bei gleicher Umgebung lebt doch jeder in einer andern Welt. Weil nämlich Alles, was für den Menschen da ist, [...] immer nur in seinem Bewußtseyn da ist [...].[3]

Wenn sich beispielsweise ein Liebespaar unter einem Baum küsst, ein Biologe in der Baumkrone einen Specht beobachtet oder ein Holzfäller den Baum fällen muss, dann sehen zwar alle drei ein und denselben Baum und doch nehmen sie ihn in ihrer Vorstellung sehr unterschiedlich wahr. Schopenhauer sagt deshalb in seinem berühmten Werk „Die Welt als Wille und Vorstellung", dass letztlich keiner von uns die Welt genau in der Weise sieht, wie sie wirklich ist, denn:

Die Welt ist meine
Vorstellung [...].[4]

Schopenhauer lässt keinen Zweifel daran, dass es generell keine allgemeine Realität gibt, sondern jeder von uns in seiner eigenen Welt lebt:

Die einzige Welt, welche Jeder
wirklich kennt, und von der er
weiß, trägt er in sich, als seine
Vorstellung [...].[5]

Gut, es mag ja sein, könnte man Schopenhauer entgegnen, dass jeder von uns seine eigene Vorstellung von der Realität hat, das heißt aber noch lange nicht, dass es keine für alle geltende Realität gibt. Zur Feststellung der allgemein gültigen „Realität" haben wir ja schließlich die Wissenschaft, deren zentrale Aufgabe ja gerade darin besteht, die Realität jenseits persönlicher und subjektiver Blickwinkel objektiv zu erkennen und empirisch zu beweisen.

Aber auch die Wissenschaft tut sich schwer mit der Bestimmung der Realität. Der Wissenschaftsphilosoph Popper weist darauf hin, dass selbst die moderne Wissenschaft mit ihren Naturgesetzen die Realität nicht eins zu eins abbilden oder gar erkennen kann, sondern immer nur Hypothesen aufstellt, um ihre Vorgänge zu beschreiben. Die Natur selbst, so Popper, kennt ohnehin keine Gesetze, es sind immer nur wir Menschen, die der Natur Gesetzmäßigkeiten unterstellen. Deshalb sei es eine Hybris, überhaupt von „Naturgesetzen" zu sprechen. In Wirklichkeit, so Popper, sind es nur geistige Produkte und Interpretationen der Wissenschaftler, die mal mehr, mal weniger zutreffend sind:

[...] wir gehen mit den Theorien in die Welt. [...] Wir *fragen* die Welt, ob diese oder jene Theorie richtig oder falsch ist.[6]

Und diese Theorien verändern sich ständig, da sie nach einer Weile meist unbrauchbar werden oder durch bessere ersetzt werden müssen. Popper zeigt dies u.a. an seinem berühmten Schwanen-Beispiel. So haben Wissenschaftler in Europa über hunderte von Jahren nur weiße Schwäne gesehen und aus diesem empirischen Tatbestand das Gesetz abgeleitet: „Alle Schwäne sind weiß." Doch als eine Expedition in Patagonien erstmals schwarze Schwäne entdeckte, war diese Realitäts-Aussage mit einem Schlag außer Kraft gesetzt. Selbst Newtons Mechanik, die man für unhintergehbar hielt, wurde von Einsteins Relativitätstheorie abgelöst, die aber, so Popper, auch wieder nur solange gilt, bis ein noch besseres Erklärungsmodell gefunden wird. Deshalb sagt der Wissenschaftsphilosoph Popper:

Die Wissenschaft ist etwas Wunderbares. Trotzdem wissen wir nichts. […] Der wissenschaftliche Fortschritt besteht darin, […] Irrtümer zu finden und durch etwas Besseres zu ersetzen: Durch eine bessere Hypothese.[7]

Gemäß Popper ist es also unmöglich, die Realität komplett zu erkennen und zu erklären. Da der Weltraum unendlich ist, werden auch in Zukunft unendlich viele neue Fakten und Erkenntnisse über die Wirklichkeit dazukommen und ganz neue Wirklichkeitstheorien notwendig machen.

Fazit: Die spannende Frage nach der Realität und nach dem, was wir mit Sicherheit als Wirklichkeit erkennen können und was nicht, wird uns also noch länger beschäftigen – womöglich sogar solange, wie es Menschen auf der Welt gibt. Wir sollten uns bewusst sein, dass sogar wissenschaftliche Erklärungen der Realität letztlich nur provisorisch sind. Vor allem aber sollten wir unseren eigenen Sinn für Realität auf keinen Fall überschätzen. Wir sehen die Welt letztlich nur aus unserer persönlichen Perspektive. Andere Menschen erleben sie oft anders. Unsere eigene Realitätswahrnehmung sollte daher anderen nicht einfach übergestülpt werden, insbesondere dann nicht, wenn es um die Bewertung von Einstellungen und Haltungen geht. Ein altes Sprichwort der Ureinwohner Amerikas besagt: „Urteile nie über einen anderen, bevor Du nicht einen Mond lang in seinen Mokassins gelaufen bist."

2.
Was ist das Bewusstsein?

Auch diese Frage der Philosophie erscheint auf den ersten Blick sehr einfach zu beantworten. Was ist Bewusstsein? - Das Gegenteil von Nicht-Bewusstsein! Bewusste Vorgänge sind nämlich im Alltagsverständnis zunächst einmal nur der Gegensatz zu unbewussten oder instinktiven Vorgängen. Wenn beispielsweise jemand sein Bewusstsein verliert und ohnmächtig wird, übernimmt sein vegetatives Nervensystem die Steuerungsprozesse. Interessanterweise sacken Bewusstlose beim Sturz meist auf eine ganz bestimmte Weise in sich zusammen, die verhindert, dass sie sich schwer verletzen. Auch die unbewusste Steuerung ist also durchaus zweckdienlich. Im Unterschied zu einer solchen spontanen und unbewussten Reaktion, versucht das Bewusstsein mit rationalen Analysen und Urteilen die Erfolgsaussichten unserer Handlungen im Voraus zu durchdenken und zu verbessern. Philosophen wie Scheler sehen hierin sogar den Unterschied beziehungsweise die graduelle Abstufung des Menschen zu Pflanze und Tier. Die Pflanze kommt noch ohne Bewusstsein aus, das Tier steht an der Schwelle zum Bewusstsein, der Mensch mittendrin. Während etwa die meisten Tiere noch weitgehend in den Plan der Natur verwoben sind und instinktiv auf Reize ihrer Umwelt reagieren, können die höheren Säugetiere bereits mit Hilfe einer mehr oder weniger ausgeprägten praktischen Intelligenz gewisse Entscheidungen treffen. Die Menschen schließlich sind aufgrund ihres Geistes in der Lage, so Scheler, ihre Antriebe und Bedürfnisse zu reflektieren, zuzulassen, umzusetzen und auch zu unterdrücken. Sie können sich selbst und alle ihre eigenen Lebensfunktionen komplett zum Gegenstand einer Betrachtung machen. Anders als die Tiere bauen Menschen aufgrund ihres Bewusstseins sogar Tempel, Kirchen und Kathedralen, da ihnen ihre eigene Sterblichkeit bewusst ist und sie, so Scheler, nach einem geistigen Prinzip suchen, das über ihre biologische Natur hinausreicht. So gesehen ist der Mensch nicht mehr in den Reiz-Reaktionsmechanismus eingebunden, sondern ein Geistwesen, ein „animal rationale", wie Aristoteles sagt und vielleicht sogar, wie Herder bemerkt, „der erste Freigelassene der Natur".

Nietzsche kritisiert diese optimistischen Einschätzungen und Lobpreisungen des menschlichen Bewusstseins radikal. Denn mit dem Aufkeimen des Bewusstseins gehe auch ein großer Verlust einher. Der Mensch müsse von nun an seine gesunden Triebregungen und Aggressionen unterdrücken und ein für alle Mal auf seine animalische Instinktsicherheit verzichten:

Nicht anders als es den Wasserthieren ergangen sein muss, als sie gezwungen wurden,

entweder Landthiere zu werden oder zu Grunde zu gehn, so gieng es diesen der Wildniss, dem Kriege, dem Herumschweifen, dem Abenteuer glücklich angepassten Halbthieren, - mit Einem Male waren alle ihre Instinkte

entwerthet und „ausgehängt". [...] sie waren auf Denken, Schliessen, Berechnen, Combiniren von Ursachen und Wirkungen reduzirt, diese Unglücklichen, auf ihr „Bewusstsein", auf ihr ärmlichstes und fehlgreifendstes Organ! [...].[8]

Das Aufkeimen des Bewusstseins in den ersten Menschen sieht Nietzsche also nicht als Akt der Befreiung an, sondern im Gegenteil als ein großes Verhängnis:

Ich glaube, dass niemals auf Erden ein solches Elends-Gefühl [...] dagewesen ist [...].[9]

Jahrtausendelang überlebten unsere Vorfahren nur mit Hilfe ihrer Instinkte als Jäger, Angreifer, Eroberer sowie umgekehrt als Gejagte, Fliehende, Verfolgte. Lust, Wut, Furcht, Angst, Aggression und Revierverteidigung prägten unser Leben. Doch mit dem Aufkeimen des Bewusstseins und der Vernunft kommt es zu Staatsgründungen und Gesetzen. Mit einem Mal darf keiner mehr ungestraft seine archaischen Affekte ausleben. Diese sind aber, so Nietzsche, nicht einfach verschwunden, sondern gären bis heute in unserem Inneren weiter und richten sich sogar gegen uns selbst:

> Die Feindschaft, die Grausamkeit, die Lust an der Verfolgung, am Überfall, am Wechsel, an der Zerstörung - Alles das gegen die Inhaber solcher Instinkte sich wendend: das ist der Ursprung des „schlechten Gewissens".[10]

Durch die verinnerlichten Aggressionen entsteht, so Nietzsche, die psychische Instanz des schlechten Gewissens, das am Ende durch Strafimpulse dem Bewusstsein dabei hilft, die Kontrolle über die Triebe aufrechtzuerhalten. Bildhaft gesprochen werden unsere jahrtausendealten Instinkte wie wilde Hunde in den Keller gesperrt. Doch im Alltag gelingt uns die Trieb- und Affektkontrolle niemals hundertprozentig. Im Haus regiert zwar die Vernunft und unser Bewusstsein entscheidet und handelt nach rationalen Kriterien, aber, so Nietzsche:

[...] auch deine schlimmen Triebe dürsten nach Freiheit. Deine wilden Hunde wollen in die Freiheit; sie bellen vor Lust in ihrem Keller [...].[11]

Der Psychoanalytiker Sigmund Freud formuliert es ganz ähnlich. Der Mensch versucht zwar stets logisch und rational gemäß seiner Vernunftentscheidungen zu handeln, in Wirklichkeit aber wird das denkende „Ich" immer auch von unbewussten Wünschen, Trieben und Ängsten regiert. Würde man dieser Wahrheit ins Auge sehen, dann müsste man sich ehrlich eingestehen,

[...] dass das Ich nicht Herr sei in seinem eigenen Haus.[12]

Freud verweist also genau wie Nietzsche auf die Dimension des Unbewussten, die unterschwellig unser Leben beeinflusst und von Zeit zu Zeit die Pläne des Wachbewusstseins durchkreuzt. So meldet sich beispielsweise das Unbewusste in Form von Versprechern, Träumen, Fehlleistungen, Burnouts, Depressionen und anderen psychischen Erkrankungen zu Wort, wenn das Bewusstsein, etwa aus Karrieregründen oder anderen Erwägungen, zu viele Wünsche, Instinkte und Bedürfnisse unterdrückt. Es sei zwar notwendig, so Freud, dass das Bewusstsein als oberste Instanz unser Leben kontrolliert und gemäß dem Realitätsprinzip vernünftig in die richtigen Bahnen lenkt, doch müssen wir darauf achten, dass immer auch ein angemessener Teil unserer Wünsche und Bedürfnisse ausgelebt wird. Wer sich selbst aus moralischen oder rationalen Gründen zu viel abverlangt, läuft Gefahr zu erkranken:

Alle, die edler sein wollen, als ihre Konstitution es ihnen gestattet, verfallen der Neurose;[13]

Fazit: Was ist Bewusstsein? Bewusstsein ist die Fähigkeit, unsere Handlungen im Voraus vernünftig zu durchdenken, unser Leben zu planen und zu optimieren. Das menschliche Bewusstsein ist aber, evolutiv gesehen, eine relativ neue Errungenschaft. Es konnte sich erst nach Jahrtausenden der Steuerung durch animalische Instinkte und Triebe etablieren und sich zum Herrn über unser Leben aufschwingen. Es lohnt sich aber, bei aller rationalen Lebensplanung darauf zu achten, dass wir noch in Kontakt und in Harmonie mit unseren archaischen Wünschen und Bedürfnissen bleiben.

3.
Gibt es den freien Willen?

Gibt es den freien Willen? „Ja, es gibt den freien Willen", sagt der französische Existenzialist Sartre. Und nicht nur das. Kein einziger Mensch, so Sartre, kann ohne den freien Willen leben, denn dieser ist kein Geschenk und auch keine Gabe, die wir annehmen oder verweigern können. Nein, der freie Wille ist jedem von uns auferlegt als eine große und unhintergehbare Bürde:

Der Mensch ist dazu verurteilt, frei zu sein.[14]

Was meint Sartre damit? Er will uns sagen, dass es unmittelbar zu unserer menschlichen Natur gehört, das eigene Leben planen und gestalten zu müssen. In jeder Sekunde unseres Lebens sind wir dazu verurteilt, aus unserer Freiheit heraus große und kleine Entscheidungen zu treffen. Wir müssen stets wählen, was wir tun oder lassen, was wir studieren oder nicht studieren, welchen Beruf wir ergreifen oder nicht ergreifen, ob wir heiraten oder Single bleiben wollen. Mit jeder getroffenen Wahl, mit jeder Entscheidung werden wir schuldig an uns selbst, denn wir scheiden Möglichkeiten aus, die wir unserem Dasein vorenthalten:

Jede Wahl, setzt, wie wir sehen werden, Elimination und Auswahl voraus.[15]

Wenn ich Bauingenieur werde, kann ich nicht mehr Arzt oder Pianist werden. So ist es auch mit allen anderen Entscheidungen:

Der Mensch [...] kann nicht umhin zu wählen: entweder bleibt er keusch, oder er heiratet, ohne Kinder zu bekommen, oder er heiratet und hat Kinder;

was er auch tut, es ist ihm in jedem Fall unmöglich, nicht die totale Verantwortung angesichts dieses Problems zu übernehmen.[16]

Da wir uns dem Umstand, wählen zu müssen, nicht verweigern können und uns ständig selbst auf die Zukunft hin neu erfinden müssen, zieht Sartre seine radikale Schlussfolgerung:

Der Mensch ist nichts anderes als das, wozu er sich macht. Das ist das erste Prinzip des Existentialismus [...].[17]

Sartres provokativer Grundsatz, dass der Mensch nichts anderes ist, als das, wozu er sich mit seinem freien Willen selbst gemacht hat, blieb natürlich nicht ohne Widerspruch. Marxisten und Psychoanalytiker warfen ihm aus verschiedenen Perspektiven vor, dass seine Idee vom freien Willen an der menschlichen Lebenswirklichkeit vorbeigehe. So hatte Marx bereits hundert Jahre vor Sartre darauf hingewiesen, dass es den „Menschen" als schlechthin freies Individuum nicht gäbe und auch nicht geben könne, denn, so Marx:

Der Mensch ist ein Gattungswesen [...].[18]

Der Mensch wächst von Kindheit an innerhalb seiner Gattung auf, die ganz bestimmte Produktionsweisen, Eigentumsverhältnisse, Regeln, Moralvorstellungen, Gesetze und Bräuche hat. Dieses Aufwachsen in der Gesellschaft prägt sein Wesen zutiefst. Zu behaupten, sein Wesen bestehe darin, frei zu wählen und zu entscheiden, sei, so Marx, eine unzulässige Abstraktion und Idealisierung des real existierenden Individuums:

In seiner Wirklichkeit ist es das Ensemble der gesellschaftlichen Verhältnisse.[19]

Der Mensch ist also hinsichtlich seiner Entscheidungen keineswegs frei, sondern zutiefst geprägt durch das Ensemble, also das Zusammenspiel und die Gesamtheit der gesellschaftlichen Verhältnisse. Damit meint Marx beispielsweise die Eltern, Erzieher, Lehrer, Schul-, Ausbildungs-, Rechts- und Arbeitsverhältnisse sowie die dazugehörigen Institutionen. Den Arbeitsverhältnissen oder wie Marx sagt, den Produktionsverhältnissen, kommt dabei die entscheidende Rolle zu. Nach seiner berühmten „Basis-Überbau-Theorie", bildet nämlich die Art und Weise, wie eine Gesellschaft produziert und ihr materielles Überleben sicherstellt, die Grundlage für den geistig, religiösen und moralischen Überbau:

Religion, Familie, Staat, Recht, Moral, Wissenschaft, Kunst etc. sind nur besondre Weisen der Produktion [...]. [20]

Sogenannte Raubbeutevölker wie die Wikinger produzieren beispielsweise den Großteil ihres Lebensunterhaltes mit Überfällen und Raubzügen. Sie verehren folgerichtig einen mutigen und aggressiven Kriegsgott wie Odin als oberste und wichtigste Gottheit, während agrarisch produzierende Völker eher dazu tendieren, Erntedankfeste zu feiern und einen

Wettergott zu verehren. Das Anbeten etwa eines Donner- oder Sonnengottes, den man darum bittet, die Ernte nicht verhageln, sondern gut gedeihen zu lassen, ist nach Marx nur der notwendige Überbau zur materiellen Basis eines agrarisch wirtschaftenden Bauernvolkes, dessen Überleben vom Ertrag der Ernte abhängt. Das Römische Reich hatte ab einer bestimmten Größe zunehmend ökonomische Probleme aufgrund von Konflikten und Aufständen verschiedener religiöser Glaubensgemeinschaften, weshalb Kaiser Konstantin im ganzen Römischen Reich die Vielgötterei zu Gunsten eines einzigen friedlichen Gottes abschaffte, um das Reich besser regierbar zu machen. Entscheidend für die Einführung einer monotheistischen Religion war aber auch hier die materielle Produktion. Die Basis-Überbau-Theorie gilt für ganze Gesellschaften, aber natürlich auch für darin lebenden Individuen:

> Was die Individuen also sind, das hängt ab von den materiellen Bedingungen ihrer Produktion. [...] Nicht das Bewusstsein bestimmt das Leben, sondern das Leben bestimmt das Bewusstsein.[21]

So fühlt, lebt und entscheidet ein Fabrikarbeiter aufgrund seiner materiellen Basis anders als ein Beamter, Unternehmer oder Kapitalist. Alles „Geistige", also auch das scheinbar freie Denken der Individuen ist nach Marx letztlich nur ein Reflex ihrer materiellen Verhältnisse. Das, so die Marxisten, hätte Sartre bei seiner These von der „Freiheit des Menschen" übersehen. Sartre wurde dann auch aus der kommunistischen Partei Frankreichs ausgeschlossen. Von einer ganz anderen Seite her kritisierten die Vertreter der Psychoanalyse Sartres Postulat des freien Willens. So habe dieser die Dimension des Unbewussten völlig außer Acht gelassen. Wo bleibt beispielsweise der freie Wille, wenn wir aufgrund von traumatischen Erlebnissen immer wieder bestimmte Verhaltensmuster zwanghaft wiederholen müssen? Schränken nicht auch unterdrückte und verdrängte Erlebnisse unterschwellig unsere Freiheit ein? Aus der klinischen Psychologie ist bekannt, dass manche Menschen ein Leben lang übertrieben nach großer Anerkennung, Nähe und liebender Zuwendung suchen, da sie diese in früher Kindheit nicht oder nur unzureichend erfahren haben oder sie tun sich umgekehrt schwer, Bindungen einzugehen, um nicht wieder enttäuscht oder verletzt zu werden.

Zusätzlich zeigt uns Freud in seinem damals revolutionären Instanzen-Modell der menschlichen Psyche mit aller Deutlichkeit, dass es nicht nur ein „Ich" im Sinne Sartres gibt, das absolut frei seine Entscheidungen trifft, sondern eben auch das sogenannte „Es", einen „Kessel brodelnder Erregung" mit Wünschen und Trieben und drittens auch noch das sogenannte „Über-Ich", eine Art Gewissensinstanz, die alle moralischen Gebote, Regeln und Normen enthält, die wir seit unserer Kindheit verinnerlicht haben.

> Ein Sprichwort warnt davor, gleichzeitig zwei Herren zu dienen. Das arme Ich hat es noch schwerer, es dient drei gestrengen Herren, ist bemüht, deren Ansprüche und Forderungen in Einklang miteinander zu bringen. Diese Ansprüche gehen immer auseinander, scheinen

> oft unvereinbar zu sein; kein Wunder, wenn das Ich so oft an seiner Aufgabe scheitert. Die drei Zwingherren sind die Außenwelt, das Über-Ich und das Es.[22]

Wenn beispielsweise ein Wunsch aus dem „Es"
kommt, muss das arme „Ich" versuchen, diesen, oftmals übertriebenen und maßlosen Wunsch, etwa
nach sofortiger Befriedigung eines sinnlichen Be-
dürfnisses, an der „Realität" beziehungsweise an der
Außenwelt anzubringen, ohne dabei gegen Gesetze,
gute Sitten oder moralische Vorgaben aus dem „Über-
Ich" zu verstoßen. Wenn beispielsweise aus dem „Es"
das starke Begehren und der Impuls kommt, eine
wunderschöne Frau, die zufällig in derselben Trambahn fährt, sofort anzusprechen, näher kennen zu
lernen und zu verführen, muss das „Ich" die Reali-
tätsprüfung machen, um eine schroffe Zurückwei-
sung zu vermeiden und nicht plump, unhöflich oder
sogar beleidigend in eine peinliche Situation zu gera-
ten. Das „Ich" überlegt also, ob und wie es die schöne
Frau vielleicht ansprechen könnte, sieht womöglich,
dass andere Fahrgäste dies mitbekommen würden,
dass sie obendrein viel zu jung ist und noch dazu einen Ehering trägt. Zudem kommt aus dem Über-Ich
die strenge Ermahnung: „Man spricht keine fremden
Frauen in der Trambahn an! Und überhaupt - was
würde deine Freundin dazu sagen?" Aber das „Es"
drängelt ungestüm weiter und setzt das „Ich" massiv
unter Druck: „Das ist unsere Traumfrau! Sprich sie
an! Tu es endlich! – Sie steigt bald aus!"

So vom Es getrieben, vom Über-Ich eingeengt, von der Realität zurückgestoßen, ringt das Ich um die Bewältigung seiner ökonomischen Aufgabe [...] und wir verstehen, warum wir so oft den Ausruf nicht unterdrücken können: Das Leben ist nicht leicht![23]

Den absolut freien Willen kann es gemäß des Instanzen-Modells von Freud nicht geben. Auch Sartre selbst wurde gefragt, ob unser Entscheidungsspielraum nicht in Wirklichkeit doch sehr begrenzt ist. Wie steht es um unsere materiellen Bedingungen, unsere körperliche Ausstattung, unsere Erbanlagen, unsere Erziehung, unser Milieu und unsere nicht verarbeiteten Kindheitserfahrungen? Bedeuten diese Faktoren nicht eine massive Beschränkung unseres freien Willens? Sartre antwortet mit einem klaren „Nein". Ob reich oder arm, ob geliebt oder ungeliebt, ob im Dorf oder in der Stadt geboren, ob gutaussehend oder nicht, wir können uns aus unserer Freiheit heraus immer noch einmal in Beziehung zu unseren Anlagen, unserem Milieu und allen anderen Faktizitäten setzen:

Die Freiheit ist vollkommen und unendlich […]. Die einzigen Grenzen, auf die die Freiheit stößt, sind diejenigen, die sie sich selbst auferlegt.[24]

Jeder Mensch, so Sartre, entscheidet beispielsweise selbst darüber, eine unglückliche Kindheit zum Anlass zu nehmen, sich hängen zu lassen oder umgekehrt als Ansporn, sein Erwachsenenleben umso erfolgreicher zu gestalten. Sartre selbst war mit 156 Zentimetern kleinwüchsig, hatte eine Augenschiefstellung und wurde von seinen Schulkameraden wegen seines Äußeren oft verspottet. Einmal schoben sie ihm im Unterricht unter der Bank sogar einen fingierten Zettel einer von ihm verehrten Klassenkameradin zu, in dem sie ihn zu einem Date einlud. Als er dort voller romantischer Gefühle eintraf und unter einem Baum auf das Mädchen wartete, schütteten die Klassenkameraden ihm einen Eimer Wasser über den Kopf. Das alles hielt ihn nicht davon ab, mit vierzehn Jahren den Entschluss zu fassen, ein großer Schriftsteller zu werden und sein Leben später mit attraktiven Frauen zu teilen. Beides gelang ihm.

Zwar kann sich nicht jeder so verwirklichen wie Sartre, aber sein Bekenntnis zum freien Willen hat zweifellos auch etwas Motivierendes. Sein existenzialistischer Grundsatz enthält im Wesentlichen die Aufforderung, unser Leben selbst in die Hand zu nehmen, oder wie Sartre sagt, sich auf die Zukunft hin zu entwerfen:

Der Mensch ist nichts anderes als sein Entwurf, er existiert nur in dem Maße, in dem er sich verwirklicht.[25]

In der modernen Gesellschaft wird zwar mit gutem Grund auf determinierende Faktoren hingewiesen, aber eines dürfen wir im Sinne Sartres nicht vergessen. Wir sind mehr als unsere Gene und unsere Erziehung. Auch wenn beispielsweise ein Richter einem Straftäter wegen seines Milieus ,mildernde Umstände' zugesteht, was das Strafmaß erheblich reduziert, bleibt doch notwendigerweise die grundsätzliche Annahme der Entscheidungsfreiheit bestehen. Ohne die Annahme der Freiheit des Individuums, gäbe es keine ‚Schwere der Schuld', keine ‚Reue' und keine ‚Resozialisierung'. Gesellschaftliches Zusammenleben und Demokratie können überhaupt nur funktionieren, wenn vorausgesetzt wird, dass ihre Mitglieder wesenhaft frei sind.

Fazit: Angesichts nachweisbarer genetischer und sozialer Prägungen weiß man auch heutzutage nicht genau, welchen Anteil der freie Wille tatsächlich an unseren Entscheidungen hat. Freuds Psychoanalyse legt uns nahe, dass unbewusste Prägungen, Erfahrungen und Traumata einen Teil unseres Verhaltens determinieren. Marx sieht in den Produktionsverhältnissen und somit der materiellen Lebensgrundlage von Gesellschaften und Individuen einen das Bewusstsein prägenden Faktor. Aber eines steht fest: Wie groß der Anteil des freien Willens am Ende auch sein mag, wir sollten allein schon aus praktischen Gründen davon überzeugt sein, dass es ihn gibt. Ohne freien Willen keine Resozialisierung, keine Selbstverantwortung, keine Mündigkeit und keine Demokratie.

4.

Was ist der Sinn des Lebens?

Was ist der Sinn des Lebens? Das ist die philosophische Frage schlechthin. Bereits der Dichter Goethe hat diese Frage gestellt: „Was ist es, was die Welt im Innersten zusammenhält?" Und was kann und soll jeder Einzelne in seinem Leben tun? Die Antworten der Philosophie sind unterschiedlich.

Für Platon ist es das Streben nach dem Guten, das die Welt im Innersten zusammenhält; für Hegel die Vollbringung des Weltgeistes, für Marx der Klassenkampf, für Sartre die Verwirklichung der Freiheit, für Nietzsche der Wille zur Macht und für Habermas die Entfaltung der kommunikativen Vernunft, um nur einige Beispiele zu nennen. Im Grunde geben alle Philosophen ihre eigene Antwort auf die Sinnfrage – außer Einem. Der französische Existenzialist Camus hat keine. Schlimmer noch – Camus gibt eine Antwort, aber diese ist äußerst ernüchternd. Auf die Frage „Was ist der Sinn des Lebens?" entgegnet er schlicht und einfach: Es gibt keinen. Das Leben ist absurd:

In diesem Zustande des Absurden muss man leben.[26]

Zwar haben wir Menschen, so Camus, seit jeher das innere Bedürfnis, die uns umgebende äußere Welt zu verstehen, zu ordnen und unseren Alltag, unser Leben und unsere Zukunft vorauszuplanen, aber die äußere Welt spielt dabei nicht mit. Sie ist absurd, unvorhersehbar und durch plötzliche Ereignisse wie Krankheiten, Naturkatastrophen und zufällige, aber wegweisende, Begegnungen mit anderen Menschen gekennzeichnet. Man muss nur einmal über die immense Aneinanderreihung von Zufällen im Raum-Zeitkontinuum nachdenken, die dazu geführt haben, dass beispielsweise ein Mann zu einer ganz bestimmten Zeit an genau demselben Ort anwesend ist, an dem zufällig auch gerade seine spätere Lebenspartnerin eintrifft. Er hat sie vielleicht nie zuvor gesehen und wäre ihr auch niemals in seinem Leben begegnet, hätten sich ihrer Raum-Zeit-Achsen nicht zufällig in diesem Augenblick überschnitten. Wäre er oder sie einige Minuten früher oder später gekommen, hätte vielleicht ihr ganzes Leben einen anderen Verlauf genommen. Generell verwandeln sich, so Camus, Lebenssituationen durch zufällige Begegnungen, Unfälle, Arbeitsplatzverluste, neue Jobs, Krankheiten, Kriege, Erbschaften, Lottogewinne und andere Ereignisse in diese oder jene Richtung, ohne dass wir großen Einfluss darauf haben. Der chaotische und irrationale Ablauf der Welt widerspricht und kollidiert, so Camus, ständig mit unserem Bedürfnis nach Planung und Klarheit:

> Absurd aber ist der Zusammenstoß des Irrationalen mit dem heftigen Verlangen nach Klarheit, das im tiefsten Innern des Menschen laut wird. [...].[27]

Und weil wir Menschen dieses tiefe Bedürfnis haben, dass letztlich alles sinnvoll und planbar ist, verdrängen wir in der Regel das Gefühl des Absurden. Doch, so Camus, wenn wir ehrlich sind, kommt es im Leben immer wieder zu Momenten, wo sich die Absurdität bemerkbar macht:

> Das Gefühl der Absurdität kann an jeder beliebigen Straßenecke jeden beliebigen Menschen anspringen [...].[28]

Doch dieser Absurdität des Lebens dürfen wir uns, so Camus, nicht einfach durch Suizid verweigern oder entziehen. Im Gegenteil, der absurde Mensch, so seine Botschaft, muss das Leben annehmen und an seiner Verbesserung arbeiten, auch wenn er den Sinn letztlich nicht erkennen kann. Er muss, genau wie die von den Göttern verurteilte antike Sagengestalt Sisyphos, seine Kugel den Berg hochrollen, auch wenn sie ihm immer wieder herunterrollt.

Allerdings steht Camus mit seiner provokativen These von der Absurdität des Lebens unter den Philosophen allein auf weiter Flur. Die meisten Denker sehen sehr wohl einen Sinn in der Entwicklung der Welt und damit einhergehend auch der individuellen Selbstverwirklichung. Bereits in der Antike empfiehlt uns Platon, das innere Auge auf die göttliche Idee des Guten zu richten. Durch die lebenslange Höherentwicklung der Seele können wir es schaffen, die zeitlosen Ideen des Guten, der Gerechtigkeit und des Schönen zu erblicken und entsprechend zu handeln.

Denn wer rechtschaffen und gut ist, der, behaupte ich, ist glückselig, sei es Mann oder Frau; wer aber ungerecht und böse, ist elend.[29]

Platon gibt uns damit zugleich auch einen Maßstab für die Wahrheit an die Hand. Gute und aufrichtige Taten haben immer Teil an der Idee des Schönen und Gerechten, schlechte hingegen haben stets etwas Unwahres, Hässliches und Ungerechtes. Diese zeitlosen Ideen des Guten, Schönen und Gerechten aus Platons berühmter Ideenlehre sind eine Art ursprüngliche, zweite Wirklichkeit, die in Form von Wirkursachen allen Wahrnehmungen zu Grunde liegen und diese erst ermöglichen.

Zum Beispiel können wir im Mathematikunterricht einen Kreis auf ein Papier zeichnen und danach wieder ausradieren, aber die zugrundeliegende Idee des Kreises ist ewig und bleibt erhalten. Eine schöne Vase kann herunterfallen und am Boden zerschellen, doch die zugrundeliegende Idee der Schönheit, an der sie Anteil hatte, bleibt bestehen. Auch können wir mal gerecht und mal ungerecht handeln, aber die Idee der Gerechtigkeit ist zeitlos gültig. Die allerhöchste dieser zeitlosen Ideen, aus der alle anderen entspringen, ist für Platon die Idee des Guten. Sie zu verwirklichen, ist der eigentliche Sinn unseres Lebens und ermöglicht uns die Teilhabe am Göttlichen:

Nach dem Guten also strebt jede Seele, und um seinetwillen tut sie alles. Denn sie ahnt, dass da etwas Großes ist.[30]

Der Sinn unseres Lebens ist somit die Ideenschau und deren tugendhafte Verwirklichung jenseits unserer niedrigen Bedürfnisse und Genüsse. In einem seiner Dialoge thematisiert Platon ganz konkret die Frage nach der richtigen Lebensführung. So stellt Platons Protagonist Sokrates einem seiner Schüler die rhetorische Frage:

Scheint dir, dass es sich für einen philosophischen Mann gehöre, sich Mühe zu geben um die sogenannten Lüste, wie um die am Essen und Trinken? [...] Oder um die aus dem Geschlechtstriebe?[31]

Und die Antwort lautet:

[...] Verachten, dünkt mich, wird dies der wahrhafte Philosoph.[32]

Doch bereits in der Antike waren die Philosophen im Hinblick auf den Sinn des Lebens unterschiedlicher Meinung. Epikur beispielsweise kritisiert Platons spirituelle Haltung und dessen ausschließliche Orientierung an den Tugenden und am göttlich Guten. Platon wäre viel zu lustfeindlich. Denn gerade das menschliche Lustprinzip sei, so Epikur, der eigentliche Wegweiser für ein sinnvolles Leben:

Ich spucke auf das Sittlich-Schöne und auf jene, die es ohne Grund bewundern, wenn es keine Lust erzeugt.[33]

Lust ist für Epikur im Unterschied zu Platon durchaus notwendig und deshalb auch erlaubt und in keiner Weise moralisch verwerflich:

> [...] die Lust ist [...] Ursprung und Ziel des glückseligen Lebens. Denn sie haben wir als erstes und angeborenes Gut erkannt, und von ihr aus beginnen wir mit jedem Wählen und Meiden, [...] indem wir [...] ein jedes Gut beurteilen.[34]

Für uns Menschen gehe es im Leben schlicht und einfach darum, dass wir versuchen sollten, wie früher als Kinder, Lustgewinn zu erzielen und Unlust zu vermeiden. Der Säugling schreit, wenn er Hunger hat und lächelt selig, wenn er zufrieden ist.

> Daß die Lust das Lebensziel ist, wird dadurch bewiesen, daß die Lebewesen von Geburt an Gefallen an ihr finden, dagegen dem Schmerz von Natur und unbewußt sich widersetzen.[35]

43

Im Erwachsenenleben muss man zwar auch verzichten können und wie Epikur fordert, einen philosophischen Umgang mit den eigenen Bedürfnissen ohne übertriebene Ausschweifungen entwickeln, doch die sinnstiftende Kraft unseres Daseins ist und bleibt die Verwirklichung eines genussvollen Lebens:

> Ich aber rufe zu fortdauernden Lustempfindungen auf und nicht zu sinnlosen und nichtssagenden Tugenden [...], die nur verworrene Illusionen [...] in sich bergen.[36]

Immanuel Kant, der strenge Moralphilosoph aus der Epoche der Aufklärung, lässt so etwas natürlich nicht gelten. Denn wer den Sinn seines Lebens nur darin sieht, Unlust zu vermeiden und seine Lust zu optimieren, läuft Gefahr, dies auf Kosten der Lust anderer zu tun:

[...] ein Prinzip, das sich nur auf die subjektive Bedingung der Empfänglichkeit einer Lust oder Unlust [...] gründet, [...] kann niemals ein praktisches Gesetz abgeben.[37]

Epikurs Philosophie des Hedonismus, so Kant, widerspräche sich selbst, da das Lustprinzip nicht für alle Individuen gleichzeitig und gleichermaßen funktionieren würde. Denn dieselbe Handlung, die einem Menschen höchste Lust verschaffe, könne für einen anderen große Unlust oder sogar Leid bedeuten. Das Lustprinzip sei deshalb kein geeignetes Regulativ, auf das zwischenmenschliches Zusammenleben aufbauen könne. Dagegen empfiehlt uns Kant als einzig tragfähiges und für uns alle gleichermaßen sinnvolles Prinzip seinen berühmten Kategorischen Imperativ:

Handle so, dass die Maxime deines Willens jederzeit zugleich als Prinzip einer allgemeinen Gesetzgebung gelten könnte.[38]

Gemäß Kant besteht unsere Aufgabe im Leben also darin, möglichst für alle vorbildlich zu leben und zu handeln. Ganz egal, um was es gerade geht, sollten wir stets überlegen, ob das, was wir vorhaben, sinnvoll ist und auch dann gut funktionieren würde, wenn alle anderen genauso handeln würden wie wir selbst. Wenn wir beispielsweise überlegen, ob wir eine leere Bierdose wegwerfen können, weil gerade niemand zuschaut, sollten wir uns die Straße vorstellen, wie sie wohl aussehen würde, wenn prinzipiell jeder Mensch, der gerade unbeobachtet ist, nach der Maxime handeln würde: „Niemand kann mich sehen, also darf ich die Dose wegwerfen."

Natürlich kann keiner von uns immer konsequent nach dem Kategorischen Imperativ handeln. Und doch macht es Sinn, bei kleinen und großen Entscheidungen uns nicht danach zu richten, was uns gerade die größte Lust oder den größten Nutzen bringt, sondern kategorisch zu analysieren, ob unser Vorhaben auch der Allgemeinheit als Handlungsmaxime dienen könnte. Kant setzt im Gegensatz zu Epikur also bei der Frage nach dem Sinn des Lebens nicht unsere Lust, sondern die Vernunft an die oberste Stelle:

Sapere Aude! Habe Mut, dich deines Verstandes zu bedienen![39]

Ähnlich wie Kant sieht es auch der große fernöstliche Denker Konfuzius. Der Sinn unseres Lebens und zugleich das höchste Ziel bestehe darin, „Ren" zu verwirklichen, also unsere „Menschlichkeit".

Das ist ‚gegenseitige Rücksichtnahme'.[40]

Und das bedeutet, ähnlich wie bei Kant, unsere jeweils besten Tugenden zu entfalten, dabei aber gleichzeitig die Entfaltung der Tugenden unserer Mitmenschen im Auge zu behalten und auf keinen Fall zu behindern oder zu schädigen:

Was man mir nicht antun soll, will ich auch nicht anderen Menschen zufügen.[41]

Das chinesische Schriftzeichen für „Ren", für „Menschlichkeit", als oberstem Ziel aller Tugenden, besteht deshalb zur Hälfte aus dem Zeichen für „Mensch" in Form einer stehenden Person:

Die andere Hälfte besteht aus dem Zeichen für die Zahl zwei. Im Chinesischen werden die zwei Striche nicht wie bei der lateinischen Zahl II aufrechtstehend, sondern horizontal liegend liegend dargestellt:

Das ergibt zusammen:

Die Zahl zwei im Schriftzeichen für „Ren", also für Menschlichkeit, verrät uns, dass wir nicht für uns selbst die Tugenden verwirklichen sollen, sondern immer in Bezug auf den uns begegnenden Zweiten, also den Mitmenschen und dessen Wohl. Es ist unabdingbar, auch das Wohl der anderen zu berücksichtigen und zu fördern. Konfuzius bringt es wunderbar auf den Punkt:

Das Leben an einem Ort ist erst dann schön, wenn die Menschen ein gutes Verhältnis zueinander haben.[42]

Sogar bei dem großen Materialisten Marx findet sich dieser soziale Gedanke von Kant und Konfuzius im Hinblick auf den Sinn des Lebens. Bereits mit siebzehn Jahren schreibt der junge Marx in seiner Abiturarbeit:

Die Hauptlenkerin aber, die uns [...] leiten muss, ist das Wohl der Menschheit, unsere eigene Vollendung. Man wähne nicht, diese beiden Interessen könnten sich feindlich bekämpfen, [...] sondern die Natur des

Menschen ist so eingerichtet, dass er seine Vervollkommnung nur erreichen kann, wenn er für die Vollendung, für das Wohl seiner Mitwelt wirkt.[43]

Wer seine Talente nur für sich einsetzt, so Marx, verfehlt den Sinn des Lebens:

Wenn er nur für sich selbst schafft, kann er wohl ein berühmter Gelehrter, ein großer Weiser, ein ausgezeichneter Dichter, aber nie ein vollendeter, wahrhaft großer Mensch sein.[44]

Fazit: Die Frage nach dem Sinn des Lebens wird von den Philosophen unterschiedlich beantwortet. Für Camus gibt es keinen, für Platon ist es die Verwirklichung der spirituell göttlichen Idee des Guten, Wahren und Schönen, für Epikur die Umsetzung eines bescheidenen, aber stets genussvollen Lebens, für Kant die Befolgung des Kategorischen Imperatives als dem obersten Sittengesetz, für Konfuzius das „Ren", also die gelebte Menschlichkeit und für Marx der Kampf um eine gerechte Gesellschaft. Aber alle diese Philosophen haben hinsichtlich der Sinnfrage letztlich doch eine große Gemeinsamkeit: Wir müssen trotz vieler Rückschläge versuchen, aus der Welt einen besseren Ort zu machen und können dies, bei aller Entfaltung unserer Tugenden, immer nur gemeinsam mit anderen tun. Denn niemand kann seine eigene Sonne sein.

5.

Kann man beweisen, dass es Gott gibt?

Der älteste Gottesbeweis ist das sogenannte „Wunder", also ein außergewöhnliches Ereignis, das mit menschlichen Möglichkeiten nicht mehr erklärt werden kann und deshalb Gott zugeschrieben werden muss. So wird beispielsweise in der Bibel von zahlreichen Wunderheilungen berichtet. Jesus hat Gelähmte gehend, Blinde sehend gemacht und Tote wieder zum Leben erweckt, was er ohne Hilfe einer höheren Macht niemals hätte bewirken können. Auch im Mittelalter dokumentiert die katholische Kirche zahlreiche Heilungen im Hinblick auf Se-lig- und Heiligsprechungen. 1743 erscheint dann in den vatikanischen Akten erstmals ein medizinischer Sachverständigenrat als festes Prüfgremium. Bis heute werden Wunder im Vatikan als Beweis für die Existenz Gottes gemeldet, medizinisch untersucht und gegebenenfalls anerkannt. An der Heilquelle des Wallfahrtortes Lourdes wurden beispielsweise 7000 Wunderheilungen gemeldet und 68 offiziell vom Va-tikan bestätigt und anerkannt. Allerdings bleiben Wunder trotz aller Versuche, die Mitwirkung Gottes objektiv festzustellen, letztlich doch Glaubenssache.

Der Philosoph Descartes wollte Gott erstmals ra-tional, also mit logischen Argumenten beweisen und argumentierte folgendermaßen: Es müsse ihn logischerweise aus zwei Gründen geben. Zum ei-nen wegen des Kausalgesetzes in der Naturwis-senschaft. Gemäß diesem hat jede Bewegung eine Ursache. Beispielsweise wird ein Waldbrand durch einen ursprünglichen Brandherd verursacht, dieser Brandherd wiederum durch einen Blitzschlag, der

Blitzschlag durch eine elektrische Entladung in der Wolke, die elektrische Entladung in der Wolke durch die Überhöhung der Spannung zwischen positiv und negativ geladenen Regentropfen, die Überhöhung der Spannung in den Regentropfen durch wolkenphysikalische Prozesse, diese wiederum durch die meteorologische Wetterentwicklung seit der Erdentstehung, die Erdentstehung durch den Urknall, der Urknall durch eine zu hohe, gegen unendlich gehende Massekonzentration usw.

Wenn aber, so fragt Descartes, wirklich jede Bewegung eine Ursache hat, die selbst auch wieder eine Ursache hat, muss es doch logischerweise irgendwann eine allererste Ursache gegeben haben, die das ganze Ursache-Wirkungsgefüge in Gang gebracht hat. Wer oder was hat aber in der unendlich langen Kette von Ursachen und Wirkungen den Anfang gemacht? Es müsste, so Descartes, eine Ursache von der Art sein, die selbst keiner Ursache mehr bedürfe oder anders formuliert: Wer oder was hat alles angestoßen, ohne dabei selbst von irgendetwas angestoßen worden zu sein? Wer ist der unbewegte Beweger? Descartes zieht die Schlussfolgerung, dass dies nur Gott gewesen sein kann. Wir wissen nämlich, so Descartes, dass alle Lebewesen und alle Materie auf der Welt, die einen Körper haben, den physikalischen Gesetzen der Bewegung und somit des Bewegtwerdens unterliegen. Das bedeutet, der erste und unbewegte Beweger muss logischerweise „unkörperlich" sein und somit „nicht von dieser Welt":

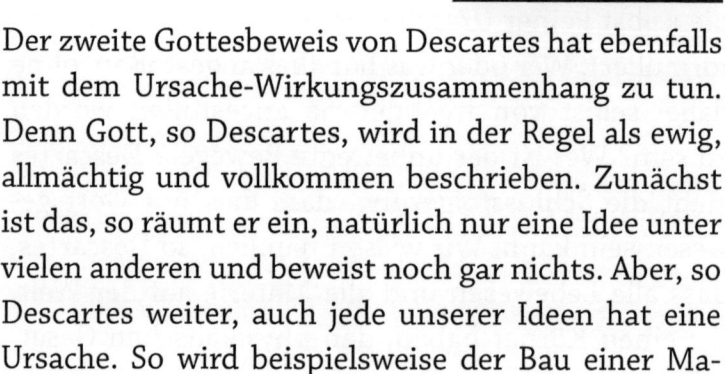

Was nun die allgemeine Ursache anbelangt, so erscheint es mir als offensichtlich, daß sie nichts anderes ist als Gott selbst, der die Materie zugleich mit der Bewegung [...] am Anfang erschaffen hat [...].[45]

Der zweite Gottesbeweis von Descartes hat ebenfalls mit dem Ursache-Wirkungszusammenhang zu tun. Denn Gott, so Descartes, wird in der Regel als ewig, allmächtig und vollkommen beschrieben. Zunächst ist das, so räumt er ein, natürlich nur eine Idee unter vielen anderen und beweist noch gar nichts. Aber, so Descartes weiter, auch jede unserer Ideen hat eine Ursache. So wird beispielsweise der Bau einer Maschine durch die zu Grunde liegende Idee bzw. den Konstruktionsplan seines Erbauers verursacht. Dieser ursächliche Konstruktionsplan ist logischerweise wertvoller und von höherer Vollkommenheit als die spätere Maschine:

> Denn es ist [...] selbstverständlich, [...] daß das, was vollkommener ist von dem, was weniger vollkommen ist, [...] nicht hervorgebracht werden kann [...].[46]

Eine Ursache, so Descartes, kann generell niemals weniger vollkommen sein als ihre Wirkung. Ebenso verhält es sich mit der Idee Gottes. Die Existenz der Idee eines allmächtigen, ewigen und vollkommenen Wesens kann nicht von etwas verursacht worden sein, das erheblich weniger wertvoll ist:

Weil wir jene höchsten Vollkommenheiten, deren Idee wir besitzen, in uns selbst aber in keiner Weise antreffen, folgern wir daraus zu Recht, daß sie in etwas anderem, von uns Verschiedenen, nämlich in Gott vorhanden sind [...].[47]

Die Tatsache, dass wir die Idee eines vollkommenen Gottes in uns tragen, selbst aber unvollkommen sind, lässt am Ende, so Descartes, nur den logischen Schluss zu, dass wir diese Idee nicht selbst ausgetüftelt haben können, sondern sie uns von außen durch eine höhere Vollkommenheit, eben durch Gott, eingegeben wurde. Seine Existenz ist somit für Descartes bewiesen. Gott ist rein von der Logik her denknotwendig.

Der Philosoph Immanuel Kant lässt diesen Gottesbeweis von Descartes nicht mehr gelten. Kant stellt in seinem berühmten Hauptwerk „Die Kritik der reinen Vernunft" die große Frage, was der Mensch mit Hilfe seiner Logik und seiner Vernunft überhaupt mit absoluter Sicherheit erkennen kann und was nicht. Wo hört das Wissen auf und wo beginnt die bloße Spekulation? Um diese Frage zu beantworten, unterzieht Kant die menschliche Vernunft einer scharfen Kritik, daher auch der Titel seines Hauptwerkes „Kritik der reinen Vernunft":

Ich verstehe aber hierunter nicht die Kritik der Bücher und Systeme, sondern die des Vernunftvermögens überhaupt [...].[48]

Unermüdlich und mit eiserner Disziplin stellte sich Kant Tag für Tag, Monat für Monat und Jahr für Jahr immer wieder dieselbe Frage: Wie funktioniert die menschliche Vernunft und was kann der Mensch mit Hilfe seines Denkapparates erkennen? Er grübelte elf Jahre lang, bis er der Menschheit seine Antwort gab. Und die hatte es in sich. Unsere Vernunft, so Kant, ist nur in der Lage, das mit Sicherheit zu erkennen, was wir zuvor auch mit unseren fünf Sinnen gesehen, gehört, gerochen, geschmeckt oder ertastet haben. Kein Mensch kann allein durch bloßes Nachdenken über einen Gegenstand zu einer wirklich gesicherten Erkenntnis kommen, wenn er den Gegenstand nie zuvor sinnlich wahrgenommen hat. Auch Gott können wir letztlich nicht erkennen, da wir ihn nicht sinnlich wahrnehmen können. Gott hat keine Anschauung. Es gibt zwar das Wort „Gott", aber niemand hat ihn je zuvor gesehen. Deshalb ist Gott zunächst nur ein abstrakter Gedanke ohne konkreten Inhalt:

Gedanken ohne Inhalt sind leer [...]. [49]

Weder Gott noch Teufel noch das Weiterleben nach dem Tode können, so Kant, von der Vernunft erkannt und bewiesen werden:

Ich behaupte nun, dass alle Versuche eines bloß spekulativen Gebrauchs der Vernunft in Ansehung der Theologie gänzlich fruchtlos und ihrer inneren Beschaffenheit nach null und nichtig sind. [50]

Damit machte er sich natürlich den Papst und die Kirche zum Feind. Der fromme preußische König Friedrich Wilhelm II verbot die Verbreitung seiner Schriften über Gott und die Religion. Der Naturwissenschaft aber hat Kant mit seiner Erkenntniskritik einen unschätzbaren Dienst erwiesen. Er gab den Forschern erstmals ein sensationell einfaches und perfektes, logisches Instrumentarium an die Hand, das bis heute gilt. Jede Theorie, so gut sie auch sein mag, muss immer, so Kant, durch Anschauungen, also beispielsweise durch wiederholbare Experimente bewiesen werden. Erst dann handelt es sich um eine wirkliche Erkenntnis:

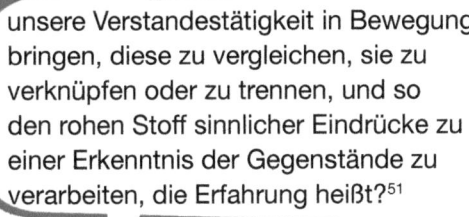

Dass alle unsere Erkenntnis mit der Erfahrung anfange, daran ist gar kein Zweifel; denn wodurch sollte das Erkenntnisvermögen sonst zur Ausübung erweckt werden, geschähe es nicht durch Gegenstände, die unsere Sinne rühren und teils von selbst Vorstellungen bewirken, teils unsere Verstandestätigkeit in Bewegung bringen, diese zu vergleichen, sie zu verknüpfen oder zu trennen, und so den rohen Stoff sinnlicher Eindrücke zu einer Erkenntnis der Gegenstände zu verarbeiten, die Erfahrung heißt?[51]

Erkenntnis ist bei Kant also letztlich immer das Zusammenspiel von sinnlicher Anschauung und Verstand. Hätten wir ausschließlich die sinnlichen Eindrücke, also die Töne, Lichtblitze, Farben und Gerüche, in unserem Kopf, würden wir im Chaos der vielen Reize untergehen. Wir wären überflutet von den Reizen und könnten sie nicht einordnen, verarbeiten und auf den Begriff bringen. Hätten wir umgekehrt nur den ordnenden und synthetisierenden Verstand mit seinen Kategorien und Begriffsbildungen, ohne sinnliche Reize, dann würden wir uns in abstrakter Spekulation verlieren:

Ohne Sinnlichkeit würde uns kein Gegenstand gegeben, und ohne Verstand keiner gedacht. Gedanken ohne Inhalt sind leer, Anschauungen ohne Begriffe sind blind.[52]

Gott ist aber, so Kant, ein Begriff ohne Inhalt und somit leer. Denn der Begriff „Gott" besitzt keinerlei sinnliche Anschauung. Man kann ihn nicht anfassen, riechen, hören oder sehen. Mit den Möglichkeiten der Vernunft, die auf die sinnliche Anschauung angewiesen bleibt, kann man also weder erkennen, dass es ihn gibt, noch dass es ihn nicht gibt. Seine Existenz oder Nicht-Existenz ist prinzipiell nicht beweisbar.

Fazit: Kann man Gott beweisen? Nein – man kann es nicht. Es gibt erkenntnistheoretisch kein gesichertes Wissen von der Existenz Gottes, aber das schließt den Glauben an ihn natürlich nicht aus. Kant selbst hat dies unter dem Druck der Kirche noch einmal klargestellt:

Ich mußte [...] das Wissen aufheben, um für den Glauben Platz zu bekommen [...].[53]

6.

Wenn es Gott gibt – warum lässt er Leiden zu?

Diese Frage wurde, wie so viele metaphysische Fragen, bereits in der Antike diskutiert. Damals hieß der oberste und allmächtige Gott in Griechenland noch „Zeus" und bei den Römern „Jupiter". Ähnlich wie später dem christlichen Gott wurden Zeus göttliche

Eigenschaften wie Allmacht und Güte zugeschrieben. Schon damals stellte sich die große Frage, ob Gott als allmächtiger Weltenherrscher nicht auch für die Übel der Welt verantwortlich ist, da er diese offenbar zulässt. Falls ja, ergibt sich das Problem, wie dies mit seiner Güte vereinbar ist. Der antike Philosoph Epikur thematisierte das Problem sehr pointiert mit einem gedanklichen Ausschlussverfahren:

Entweder will Gott die Übel aufheben und kann nicht oder er kann und will nicht oder er will nicht und kann nicht oder er will und kann.[54]

Bei jeder der vier Möglichkeiten ergibt sich, so Epikur, ein Widerspruch zu einer seiner Eigenschaften:

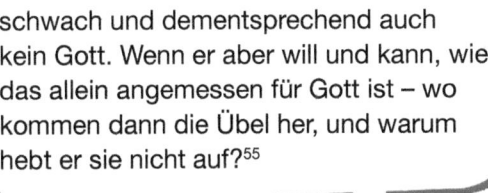

> Wenn er will und nicht kann, ist er schwach, und das trifft auf Gott nicht zu. Wenn er kann und nicht will, ist er neidisch, und das ist ebenso unvereinbar mit Gott. Wenn er nicht kann und nicht will, ist er neidisch und schwach und dementsprechend auch kein Gott. Wenn er aber will und kann, wie das allein angemessen für Gott ist – wo kommen dann die Übel her, und warum hebt er sie nicht auf?[55]

Diese Frage, warum der allmächtige und gütige Gott die Übel auf der Welt zulässt, wird bis heute als sogenanntes „Theodizee"-Problem diskutiert. Als Theodizee bezeichnet man, abgeleitet vom griechischen Wortstamm theós = Gott und dike = Gerechtigkeit/Rechtfertigung, den Versuch, Gott zu rechtfertigen, hinsichtlich des von ihm als Schöpfer verursachten oder zugelassenen Übels. Den letzten großen Versuch einer solchen Theodizee unternahm der deutsche Philosoph Leibniz in seiner berühmten Theorie von der „besten aller möglichen Welten": Gott hätte zwar, so Leibniz, tatsächlich die Welt mit Krank-

heiten, Tod, Schmerz, Naturkatastrophen und sogar
der Möglichkeit moralischer Verfehlung ausgestat-
tet, doch sei dies immer noch die beste aller möglichen Welten gewesen, die er jemals hätte erschaffen
können. Denn ohne Krankheit würden wir die Ge-
sundheit nicht schätzen, ohne Krieg nicht den Frie-
den und ohne das Böse nicht das Gute. Nur weil Gott
auch das Böse erschaffen hat und uns die Freiheit der
Entscheidung gegeben hat, sind wir in der Lage, uns
für das Gute zu entscheiden.

Wie fast immer in der Philosophie, blieb diese Theorie von Leibniz nicht ohne Widerspruch. Schopenhauer kritisiert Leibniz als den „Begründer des
systemischen Optimismus". Von der besten aller
möglichen Welten und einem Meisterwerk Gottes zu
sprechen, sei angesichts der realen Welt eine schrei-
ende Absurdität:

Und dieser Welt, diesem Tummelplatz
gequälter und geängstigter Wesen, welche
nur dadurch bestehn, daß eines das andere
verzehrt, wo daher jedes reißende Thier das
lebendige Grab tausend anderer […] ist,

wo sodann mit der Erkenntniß die Fähigkeit Schmerz zu empfinden wächst, welche daher im Menschen ihren höchsten Grad erreicht [...] – dieser Welt hat man das System des Optimismus anpassen und sie uns als die beste unter den möglichen andemonstriren wollen. Die Absurdität ist schreiend.[56]

Unsere Welt, so Schopenhauer, sei letztlich nicht die beste, sondern im Gegenteil, die schlechteste aller möglichen Welten:

Nun ist diese Welt so eingerichtet, wie sie seyn mußte, um mit genauer Not bestehn zu können. Wäre sie aber noch ein wenig schlechter, so könnte sie schon nicht mehr bestehn.[57]

Die Welt ist also gerade so schlecht, dass wir sie noch irgendwie ertragen können. Wäre sie noch einen Tick schlechter, könnten wir nicht mehr darin existieren. Schopenhauer war überzeugter Atheist. Er kritisiert die religiöse Auffassung, wonach alles Leiden auf der Welt eine Prüfung oder eine Strafe Gottes sei. Wenn dies wirklich so sei, müsse man auch erklären, warum Gott seit jeher die Tiere so hart prüft und bestraft. Letztlich, so Schopenhauer, muss jede Theodizee an der Erklärung des Leidens in der Welt scheitern. Denn ein allmächtiger, liebender Gott kann nicht zugleich der Verursacher des Leides sein. Wenn er das Leiden erschaffen hat, muss er dafür auch die Verantwortung übernehmen. Am besten gefällt Schopenhauer daher der hinduistische Schöpfungsmythos:

Brahma bringt durch eine Art Sündenfall, oder Verirrung, die Welt hervor, bleibt aber dafür selbst darin, es abzubüßen, bis er sich daraus erlöst hat. – Sehr gut![58]

Im Gegensatz dazu missfällt Schopenhauer der Schöpfungsmythos des Alten Testaments:

> Aber so ein Gott [...], der diese Welt der Not und des Jammers hervorbringt, und dann noch gar sich selber Beifall klatscht, mit [...] Alles war sehr gut: I. Mose, I, 31 - Das ist nicht zu ertragen.[59]

Fazit: Auf die Frage, warum Gott Leiden zulässt, antwortet der Philosoph Leibniz, dass es sich bei unserer Welt mit den vielen Leiden immer noch um die beste aller denkbar möglichen Welten handle. Denn diese von Gott geschaffene Unzulänglichkeit der Welt mit Krankheiten, Kriegen, Katastrophen und moralischer Verfehlung, ermöglicht uns erst, so Leibniz, das Leben mit seinem Auf und Ab, seinen Leiden und Freuden, intensiv zu erfahren und

71

letztlich als Prüfung für das ewige Leben zu bestehen. Und trotz Schopenhauers harter Kritik an Leibniz und trotz der Tatsache, dass die Existenz Gottes
ohnehin nicht beweisbar ist, spricht einiges dafür,
die Übel der Welt als Herausforderung zu sehen, der
wir uns stellen müssen. Ganz unabhängig davon, ob
wir gläubige Menschen sind oder nicht, ob Gott das
Leiden erschaffen hat oder nicht, bleibt uns letztlich
nicht viel anderes übrig, als die Freuden des Lebens
zu genießen, uns mit den Zumutungen des Lebens
auseinanderzusetzen und – wo immer dies möglich
ist – an ihrer Aufhebung zu arbeiten.

7.
Was ist eigentlich Gerechtigkeit?

Was Gerechtigkeit eigentlich ist, mag auf den ersten Blick auch wieder schnell beantwortet sein. Wir haben die Juristen, die Gerichte, Parteien und Politiker. Juristen und Richter halten sich bei ihren Urteilen an das, was in den Gesetzbüchern als gerecht definiert ist und woran sich alle halten müssen. Aber Gesetze können auch ungerecht sein, wie beispielsweise die Rassengesetze im Nationalsozialismus oder auch Gesetze zur Errichtung einer Diktatur. Was aber ist wirkliche Gerechtigkeit jenseits guter oder schlechter Gesetze?

In Wahlkämpfen berufen sich Politiker gerne auf „soziale Gerechtigkeit" und fordern entweder höhere Mindestlöhne, die Entlastung des Mittelstandes oder die Unterstützung angeschlagener Unternehmen. Sie verfolgen damit aber meist nur das Interesse ihrer jeweiligen Wählerschaft. Ihre Vorstellung von Gerechtigkeit ist somit interessegeleitet und subjektiv. Ein objektives Gerechtigkeitsverständnis haben aber auch die Bürger nicht, denn sie empfinden ja in der Regel auch nur das als gerecht beziehungsweise ungerecht, was ihnen gerade am meisten hilft oder schadet. Wissenschaftliche Studien bestätigen, dass bei Wahlentscheidungen die Erwartung eines persönlichen wirtschaftlichen Nutzens die mit Abstand größte Rolle spielt. Arme wollen mehr vom Kuchen, Reiche ihre großen Stücke behalten. Gerechtigkeit, so scheint es, hängt also immer vom Geldbeutel und der subjektiven Perspektive ab. Deshalb, so wird oftmals behauptet, kann es objektive Gerechtigkeit gar nicht geben. Oder vielleicht doch?

Im Jahre 1978 kommt es in puncto Gerechtigkeit zu einem Urknall. Dem amerikanischen Philosophen John Rawls gelingt es erstmals, Gerechtigkeit vollkommen objektiv zu definieren. Sein Buch „A Theory of Justice", „eine Theorie der Gerechtigkeit", geht wie ein Lauffeuer um die ganze Welt und wird in fast alle Sprachen übersetzt. Rawls entdeckt einen phantastischen und zugleich subtilen Trick, mit dessen Hilfe es möglich ist, objektive Gerechtigkeit jenseits subjektiver Interessen herzustellen. Dieser Trick ist sein berühmter „Schleier des Nichtwissens". Eine vollkommen gerechte Gesellschaft, so Rawls, kann man nur dann erzeugen, wenn sich die einzelnen Bürger, die über künftige gerechte Prinzipien und Gesetze abstimmen, während der Abstimmung unter einer Art Erinnerungs-Schleier befinden und wie in einer Amnesie völlig vergessen, wer sie gerade sind und künftig sein werden:

Vor allem kennt niemand seinen Platz in der Gesellschaft, seine Klasse oder seinen Status; ebensowenig

seine natürlichen Gaben, seine Intelligenz, Körperkraft usw. [...] Die Menschen [...] wissen auch nicht, zu welcher Generation sie gehören.[60]

Wenn man nämlich, so Rawls, die Menschen bei der Wahl unter dem „Schleier des Nichtwissens" abstimmen lässt und sie keine Ahnung davon haben, wer sie im Augenblick und in der künftigen Gesellschaft sind, also ob sie reich, arm, hochqualifiziert, ungebildet, weiß, schwarz, jung, alt, sportlich, schwerfällig, hochbegabt oder untalentiert sind, dann würden sie sich auch vollkommen objektiv für eine möglichst gerechte Gesellschaft mit optimalen Gesetzen im Sinne aller Beteiligten entscheiden:

Beispielsweise würde niemand darauf drängen, daß man besondere Vorrechte denen geben soll, die genau 180 cm groß sind [...]. Auch würde niemand den Grundsatz vorschlagen, die Grundrechte sollten

von der Hautfarbe [...] abhängen. Niemand weiß nämlich, ob solche Vorschläge zu seinem Vorteil ausschlagen würden.[61]

Denn, so Rawls, der

Schleier des Nichtwissens [...] zwingt jeden [...], das Wohl der anderen in Betracht zu ziehen.[62]

Die Menschen unter dem Schleier des Nichtwissens befänden sich, so Rawls, hinsichtlich ihrer künftigen Position in einem Zustand der Unsicherheit.

Sie träfen daher ihre Entscheidungen nach der sogenannte Maximin-Regel: „Maximiere das Minimum!"
Das heißt, sie würden bei ihrer Entscheidung für
ein künftiges Gesellschaftsmodell berücksichtigen,
dass sie, wenn sie Pech haben, zu der am wenigsten
wohlhabenden und begünstigten Gruppe mit einem
Minimum an Lebensqualität gehören. Sie sind daher
interessiert, dieses Minimum an Lebensqualität bei
ihrer Entscheidung für ein künftiges Gesellschaftsmodell zu maximieren, indem sie ein Modell wählen, das keinen so großen Unterschied zwischen arm
und reich, mächtig und ohnmächtig, talentiert und
untalentiert macht. Wenn beispielsweise eine Gruppe von Menschen unter dem Schleier des Nichtwissens auswählen könnte zwischen einer Monarchie
mit einem König und Adeligen, die ihre Bauern und
Sklaven jederzeit züchtigen oder töten können und
einem zweiten Gesellschaftsmodell, in dem es zwar
noch abhängige Lohnarbeit gibt, aber kein Arbeitge-
ber mehr das Recht hat, über Leben und Tod seiner
Angestellten zu verfügen, so würde sich die Gruppe
gemäß Rawls' Maximin-Prinzip sicherheitshalber
für das zweite Modell entscheiden. Denn unter dem
Schleier des Nichtwissens muss ein jeder damit rech-
nen, nicht als Adeliger, sondern nur als Bauer oder
Leibeigener geboren zu werden. Und selbst wenn
einem Einzelnen bei der Abstimmung zunächst ein-

mal die Chance auf das Maximum im ersten Modell reizvoll erschiene, also später König zu werden oder ein mächtiger Adeliger mit vielen Sklavinnen und Sklaven, würde er nach eingehender Überlegung am Ende doch das zweite Modell bevorzugen, um sicherzustellen, dass er in der künftigen Gesellschaft, auf keinen Fall sein Leben verlieren kann, selbst wenn er im schlechteren Fall nur Angestellter und kein Unternehmer ist. Er bevorzugt nach der Maximin-Regel die Sicherstellung dieses besseren Minimums:

> Es ist ihm nicht der Mühe wert, einen darüber hinausgehenden Vorteil zu suchen, [...] wenn die Gefahr besteht, daß er vieles ihm Wichtige verliert.[63]

Wenn die Menschen, so Rawls, ganz ohne jede Vorgabe konkreter Gesellschaftsmodelle unter dem Schleier des Nichtwissens über eine mögliche künftige Gesellschaft diskutieren, dann würden sie sich für eine absolut faire Gesellschaft entscheiden - mit zwei fundamentalen Grundsätzen. Zum einen würden sie den Gleichheitsgrundsatz einführen, wonach jeder Mensch prinzipiell vor dem Gesetz die gleichen Rechte, Freiheiten und Pflichten hat. Denn niemals würden sie eine Gesellschaft wollen, in der jemand, wenn er Pech hat, ein Leben lang benachteiligt ist. Zum anderen würden sich die Menschen unter dem Schleier des Nichtwissens für den Unterschiedsgrundsatz entscheiden, wonach es in der Gesellschaft zwar Unterschiede hinsichtlich Einkommen, Einfluss und persönlicher Entfaltung geben darf, diese aber begrenzt sein müssen:

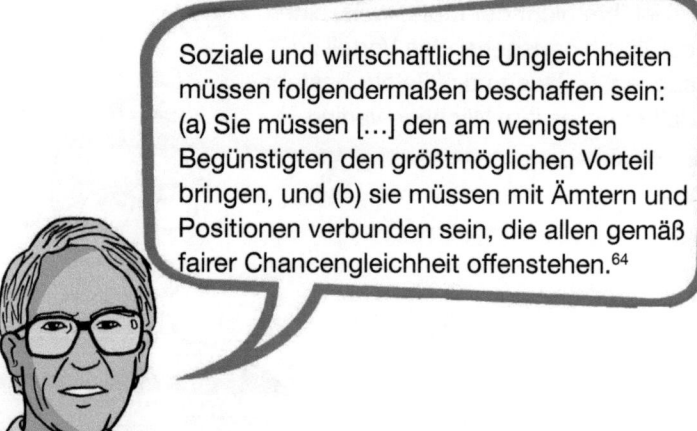

Soziale und wirtschaftliche Ungleichheiten müssen folgendermaßen beschaffen sein: (a) Sie müssen [...] den am wenigsten Begünstigten den größtmöglichen Vorteil bringen, und (b) sie müssen mit Ämtern und Positionen verbunden sein, die allen gemäß fairer Chancengleichheit offenstehen.[64]

Der Unterschiedsgrundsatz ist leicht zu verstehen. Die Menschen wissen unter dem Schleier zwar nicht, wer sie künftig sein werden, aber sie wissen, dass es in der künftigen Gesellschaft Menschen mit unterschiedlichem Ehrgeiz, Fleiß, Anlagen, Talenten und Fähigkeiten geben wird. Deshalb entscheiden sie sich nicht einfach für eine eigentumslose kommunistische Gesellschaft mit gleichen Einkommen, sondern lassen, um der individuellen Entfaltung willen, gewisse soziale und wirtschaftliche Unterschiede hinsichtlich Vermögen und Einkommen zu, um die unterschiedlich talentierten und einsatzbereiten Menschen zu motivieren, ihre Begabungen für die Allgemeinheit einzusetzen. Allerdings werden sie auch festlegen, dass die höhere Entlohnung einzelner Leistungen nur dann sinnvoll ist, wenn die höher entlohnten Leistungen am Ende auch allen anderen in irgendeiner Weise zu Gute kommen:

[...] Ungleichheiten, etwa verschiedener Reichtum oder verschiedene Macht, [sind] nur dann gerecht, wenn sich aus ihnen Vorteile für jedermann ergeben, insbesondere für die schwächsten Mitglieder der Gesellschaft.[65]

Wie folgenreich dieser zweite Grundsatz der gerechten Gesellschaft ist, merkt man erst, wenn man unsere gegenwärtige Situation betrachtet. Im Augenblick gibt es nämlich in den westlichen Gesellschaften exponentiell wachsende Ungleichheiten an Einkommen und Vermögen, ohne dass diese, wie in Rawls' gerechtem Gesellschaftsmodell vorgesehen, „den am wenigsten Begünstigten den größtmöglichen Vorteil bringen". Reiche werden jedes Jahr reicher, Arme immer ärmer. Die auseinanderklaffende Schere zwischen Arm und Reich ist nach Rawls' zweitem Grundsatz schlichtweg ungerecht. Im Grunde müsste jeder Unternehmer, jeder Manager oder jeder Spitzenverdiener den Nachweis erbringen, dass sein höheres Gehalt damit gerechtfertigt ist, dass er durch seine Leistung auch die Lebensqualität der Mitarbeiter und der am wenigsten Begünstigten mit anhebt. Unter dem Schleier des Nichtwissens würden die Menschen aufgrund der Maximin-Regel davon ausgehen, eventuell zu den am schlechtesten Gestellten zu gehören. Daher würden sie prinzipiell eine gleichmäßige Güterverteilung anstreben. Eine ungleiche Güterverteilung empfänden sie nur dann als fair und gerecht, wenn eine Besserstellung der Wohlhabenden indirekt auch zur Besserstellung aller anderen führt:

Ungerechtigkeit besteht demnach einfach in Ungleichheiten, die nicht jedermann Nutzen bringen.[66]

Das Gleichheits- und Unterschiedsprinzip, für das sich die Menschen gemäß Rawls unter dem Schleier des Nichtwissens entscheiden würden, mag sich in der Theorie schön und gut anhören, aber in Wirklichkeit, so die Kritiker, existiert ja kein solcher Schleier des Nichtwissens. Bei jeder Wahl wissen wir doch ganz genau, wer wir sind und sein werden, besonders dann, wenn wir über eine neue Verfassung oder ein wichtiges Gesetz entscheiden sollen. Das ist richtig, entgegnet Rawls, die Abstimmung unter dem Schleier des Nichtwissens ist erst mal nur ein Gedankenexperiment, aber jeder vernunftbegabte Mensch muss dennoch zugeben, dass, wenn es den Schleier theoretisch gäbe, die Entscheidung der Menschen unter diesem Schleier erheblich fairer wäre als ohne diesen und dass folgerichtig unter den Bedingungen des Schleiers auch der bestmögliche Gesellschaftsvertrag und gerechteste Staat herauskommen würde. Und selbst wenn es einen solch idealen und gerechten Staat mit den zwei gerechten Verteilungsprinzipien noch nirgendwo auf der Welt gibt, kann man doch die bestehenden Staaten und Gesellschaften daran messen, kritisieren und verbessern. Beispielsweise müsste das Auseinanderklaffen der Schere zwischen Arm und Reich, das derzeit in allen kapitalistischen Staaten Jahr für Jahr zunimmt, gemäß Rawls gesetzlich verhindert werden.

Rawls bezieht das Verfahren der Gewinnung idealer Prinzipien unter dem Schleier des Nichtwissens auf menschliche Gesellschaften. Tierrechtsorganisationen haben seinen Gedanken aber noch weiterentwickelt. Wenn wir vorab nicht wüssten, ob wir in der künftigen Gesellschaft Menschen oder Tiere sein würden, dann würde sich nach dem Maximin-Prinzip eine Mehrheit für eine vegetarische Gesellschaft ohne den Verzehr von Tieren aussprechen, um nicht im Worst Case selbst verzehrt zu werden.

Fazit: Was ist eigentlich Gerechtigkeit? Unsere Entscheidungen und Handlungen sind gemäß John Rawls nur dann gerecht, wenn es uns gelingt, unser Eigeninteresse für kurze Zeit auszublenden und so zu entscheiden, als wüssten wir nicht, wer wir künftig sind. Wir suchen dann automatisch nach einem objektiv gerechten Weg, der für alle annehmbar und gangbar ist, auch und gerade für die am wenigsten Begünstigten. Wenn beispielsweise die Entscheidung ansteht, ob der Mindestlohn für Friseure angehoben und damit der Friseurbesuch teurer werden soll, dann sollten wir uns im Augenblick unserer Entscheidung nicht nur als Kunden, sondern auch als Friseure fühlen, um zu einer objektiv fairen Lösung zu kommen. Zweifellos hat Rawls mit seiner „Theorie der Gerechtigkeit" einen bedeutenden Meilenstein auf dem Weg zu einer gerechten Gesellschaft gesetzt. Und – seine philosophische Kritik an der auseinanderklaffenden Vermögensverteilung ist aktueller denn je.

8.
Gibt es
ein Ende der
Geschichte?

Über die richtige Antwort wird in der Geschichtsphilosophie seit jeher gestritten. Nur so viel in Kürze – es gibt drei verschiedene Auffassungen: Erstens, die Kreislauftheorie, wonach sich die Geschichte zyklisch wiederholt und im Wesentlichen immer wieder von vorn beginnt, etwa als Wiederkehr des ewig Gleichen ohne Anfang und Ende. Zweitens, die linear aufsteigende Fortschrittstheorie, wonach die Geschichte zusammen mit technisch wissenschaftlichen Neuerungen auch auf immer höhere moralisch kulturelle Ebenen kommt und auf ein positives Endziel zusteuert. Und drittens, die linear absteigende Entfremdungstheorie, wonach sich die Menschheit genau umgekehrt mit jedem technischen und wirtschaftlichen Fortschritt immer weiter von ihrer ursprünglichen Natur entfremdet und moralisch verkommt. Die drei Theorien besagen in Kurzform: Die Welt dreht sich im Kreis und bleibt wie sie ist, die Welt wird immer besser oder die Welt wird immer schlechter.

Die Kreislauftheorie wird erstmals vom antiken Strategen und Historiker Thukydides vertreten. Er berichtet nämlich detailliert über Motive, Ursachen und Verlauf des Peloponnesischen Krieges von 431 v. Chr. bis 404 v. Chr. zwischen Sparta und dem aufsteigenden Athen. Dabei analysiert er den Auslöser, die Ursachen und den Verlauf des Krieges und kommt zu dem Ergebnis, dass es letztlich darum ging, dass Sparta seine Vormachtstellung in Griechenland nicht an das immer mächtiger werdende Athen abgeben wollte. Solche kriegerischen Konflikte um die politische und wirtschaftliche Vormachtstellung sind, so Thukydides, in der Geschichtsschreibung kein Einzelfall, sondern können sich aufgrund der Beschaffenheit der menschlichen Natur auch in Zukunft immer wieder ereignen. Die Kreislauftheorie, wonach sich Kriege um Macht und Einfluss fortwährend wiederholen, scheint leider bis heute aktuell zu sein. So warnt beispielsweise der Politologe Graham Allison in den 2010er Jahren vor der „Thucydides Trap", der sogenannten „Thukydides-Falle", wonach Staaten im Kampf um den Erhalt ihres Machtbereichs nach wie vor – wie Thukydides es vor 2500 Jahren beschrieben hat – die Strategie der Spartaner verfolgen, aufsteigende Mächte gewaltsam niederzuhalten und am Ende alles zu zerstören. So sieht Allison unter anderem die Gefahr, dass die USA als etablierte Weltmacht, das zunehmend mächtiger werdende China bekämpfen könnten, was wiederum fatale Folgen für alle hätte. Auch der Philosoph Schopenhauer sieht in der Geschichte keinerlei Fortschritt:

Versucht man die Gesamtheit der Menschenwelt in Einem Blick zusammenzufassen; so erblickt man überall einen rastlosen Kampf, ein gewaltiges Ringen, mit Anstrengung aller Körper- und Geisteskräfte, um Leben und Daseyn [...].[67]

Die Geschichte, so Schopenhauer, lässt, auch wenn man sie über Jahrhunderte beobachtet, keinerlei Besserung dieses rastlosen Kampfes erkennen:

Die Geschichte zeigt uns das Leben der Völker, und findet nichts, als Kriege und Empörungen zu erzählen: die friedlichen Jahre erscheinen nur als kurze Pausen, Zwischenakte, dann und wann ein Mal.[68]

Es gibt zwar, so Schopenhauer, zu allen Zeiten einzelne Gelehrte und Weise, die aus der Geschichte lernen und etwas verbessern wollen, aber sie bewirken nichts:

> Im Allgemeinen [...] haben die Weisen aller Zeiten immer das Selbe gesagt; und die Toren, d.h. die unermeßliche Majorität aller Zeiten, haben immer das Selbe, nämlich das Gegentheil gethan: und so wird es denn auch ferner bleiben.[69]

Stimmt also die Kreislauftheorie? Drehen wir uns tatsächlich immer nur im Kreis? Nein, sagt der berühmte Geschichtsphilosoph Hegel. Denn die Geschichte der Menschheit, so Hegel, lässt trotz aller Rückschläge, Konflikte und Kriege sehr wohl einen Fortschritt im Bewusstsein der Menschen erkennen. Die Geschichte, so Hegel, ist eine beständige Aufwärtsbewegung von einfachsten barbarischen Anfängen mit Faustrecht bis hin zu zivilisierten Staaten mit Rechtssicherheit, Gesetzen und gegenseitiger

Anerkennung der Würde des Menschen:

Die Weltgeschichte ist der Fortschritt
im Bewusstsein der Freiheit –
ein Fortschritt, den wir in seiner
Notwendigkeit zu erkennen haben.[70]

Es geht letztlich um die notwendige Entfaltung der Freiheit. Das wachsende Bewusstsein der Freiheit zieht sich, so Hegel, wie ein roter Faden durch die Weltgeschichte. Es hatte in den frühen orientalischen Hochkulturen seinen Ausgangspunkt:

Die Orientalen wissen es noch nicht,
dass der Geist oder der Mensch als
solcher an sich frei ist; weil sie es
nicht wissen, sind sie es nicht; sie
wissen nur, dass Einer frei ist [...].[71]

Bei den Orientalen war, so Hegel, nur ein einziger frei, der Herrscher, und dieser war in der Regel ein Despot. Erst bei den Griechen keimt, so Hegel, der Wunsch nach wirklicher Freiheit auf:

> In den Griechen ist erst das Bewusstsein der Freiheit aufgegangen, und darum sind sie frei gewesen; aber sie, wie auch die Römer, wussten nur, dass einige frei sind, nicht der Mensch als solcher. Das wussten selbst Platon und Aristoteles nicht.[72]

So waren in den griechischen Stadtstaaten zwar die Bürger frei und durften die Regierung wählen, doch gab es gleichzeitig eine große Zahl von rechtlosen Sklaven. Deshalb waren, wie Hegel sagt, nur „einige" frei. Erst die modernen europäischen Nationen kamen dann – nach jahrhundertelangen Kriegen und Kämpfen – im Christentum endlich zu dem fortschrittlichen Bewusstsein, dass der Mensch als solcher frei ist, beziehungsweise wie Hegel begeistert formuliert:

[...] die Freiheit des Geistes seine eigenste Natur ausmacht.[73]

Der Motor dieser Aufwärtsentwicklung ist laut Hegel die „Dialektik", also der sich selbst an seinen Widersprüchen vorantreibende „Weltgeist". Damit meint Hegel aber nicht irgendeinen Gott oder Magier, der unbewegt im Himmel sitzt, uns beobachtet und historische Epochen aus seinem Hut zaubert, sondern vielmehr die Selbstbewegung des Bewusstseins von uns Menschen und unseren Gesellschaften. Für Hegel sind das göttliche Bewusstsein, das menschlich individuelle Bewusstsein und das Bewusstsein ganzer Gesellschaften nur drei verschiedene Perspektiven ein und derselben Bewegung: der Selbstbewegung des Geistes, der sich an seinen Widersprüchen vorantreibt. Wenn beispielsweise eine historische Zeit Widersprüche in sich trägt, und viele Menschen mit der Gesellschaft und ihrem eigenen Zustand unzufrieden sind, kommt es zur Auflehnung gegen die überkommene Geistgestalt wie dies beispielsweise in der Französischen Revolution der Fall war. Aus dem Widerstand gegen den Adel, das Gottesgnadentum, den Feudalismus und die Leibeigenschaft erwuchs nach und nach eine neue Geistgestalt, die Geistgestalt der Aufklärung und des Rationalismus. An die Stelle der mystisch religiösen Idee von der gottgewollten Herrschaft des Königs und dem blauen Blut des Adels trat die rationale Idee der Volksherrschaft und der Gleichheit der Menschen. Hegel war in seiner Jugend tief beeindruckt von den radikalen Ideen der Französischen Revolution und spürte, dass die ganze europäische Geschichte durch den Widerspruch der französischen Aufklärer und Revolutionäre in Bewegung gekommen war:

> Der ganze Zustand Frankreichs in der damaligen Zeit war ein wüstes Aggregat von Privilegien gegen alle Gedanken und Vernunft überhaupt, [...] ein Reich des Unrechts [...]. Der neue Geist wurde tätig; [...]. Die Veränderung war notwendig gewaltsam, weil die Umgestaltung nicht

> von der Regierung vorgenommen wurde [...]. Der Gedanke, der Begriff des Rechts machte sich mit

> einem Male geltend und dagegen konnte das Gerüst des Unrechts keinen Widerstand leisten. [...] Es war dieses somit ein herrlicher Sonnenaufgang.[74]

So wie der Geist der Aufklärung den Geist des Absolutismus abgelöst hat, löst in der Weltgeschichte jede Epoche die vorausgehende ab, wobei jeweils der vorherrschende Zeitgeist einer Epoche durch einen neuen, diesem widersprechenden Zeitgeist, ersetzt wird. Hegel spricht angesichts der Aneinanderreihung der verschiedenen Epochen von einem „Geisterreich":

> Das Geisterreich [...] macht eine Aufeinanderfolge aus, worin einer den anderen ablöste und jeder das Reich der Welt von dem vorhergehenden übernahm.[75]

Jede einzelne Epoche hat, so Hegel, ihre eigene Architektur, Kunst, Musik, Mode, ihr eigenes Rechtsverständnis, ihre eigenen Sitten und moralischen Werte. Mit jeder Epoche erreichen die Menschen eine etwas höhere Ebene, doch letztlich gilt:

> Das Wahre ist das Ganze. Das Ganze aber ist nur das durch seine Entwicklung sich vollendende Wesen.[76]

Was aber ist die Wahrheit des Ganzen und was ist das endgültige Ziel der Weltgeschichte, also das Ziel jener dreifachen und doch gemeinsamen Entfaltung des individuellen Bewusstseins, des Bewusstseins der Gesellschaft und des Bewusstseins des Weltgeistes?

Das *Ziel* [...] ist dem Wissen ebenso notwendig als die Reihe des Fortganges gesteckt; es ist da, wo es nicht mehr über sich selbst hinauszugehen nötig hat, wo es sich selbst findet [...].[77]

Am Ende der Geschichte, so Hegels furioses Finale, kommt der gesamte dialektische Prozess, also das sich entwickelnde Bewusstsein des Menschen, das sich wandelnde Bewusstsein der Epochen und Gesellschaften und der zu sich selbst findende Weltgeist, also die gesamte Selbstbewegung des Denkens völlig zur Ruhe, da sich alle ursprünglichen Widersprüche aufgelöst haben und das Bewusstsein nicht mehr über sein nun erworbenes Wissen hinausgehen muss. Es kommt zu einer dreifachen Versöhnung: Die Menschen empfinden die Natur nicht mehr als etwas Fremdes, sondern begreifen sich als Teil derselben. Auch die anderen Menschen erscheinen ihnen nicht mehr, wie noch zu Beginn der Geschichte, als Fremde oder Feinde:

> Sie *anerkennen* sich als *gegenseitig sich anerkennend.*[78]

Und Gott selbst ist nicht mehr, wie ursprünglich empfunden, eine fremde Macht, die ihnen gegenübersteht, denn sie wissen jetzt, dass er wesentlich in seinem Kern nichts anderes ist als ihre eigene Selbstbewegung und dies auch schon immer war:

> Das Bewusstsein [...] erkennt den Gott in ihm.[79]

Marx, ein Schüler von Hegel, war ebenfalls Dialektiker, hat aber wie er selbst sagt, Hegel „vom Kopf auf die Füße" gestellt. Nicht die Geistgestalten kommen in der geschichtlichen Entwicklung in einen dialektischen Widerspruch und treiben sich auf immer höhere Ebenen, sondern die materiellen Produktionsverhältnisse. Jede gesellschaftliche Entwicklungsstufe erzeugt eine neue mächtige soziale Klasse, die zu der herrschenden Klasse in einen ökonomischen und sozialen Widerspruch kommt:

Die Geschichte aller bisherigen Gesellschaft ist die Geschichte von Klassenkämpfen.[80]

Der Konflikt zwischen den jeweils gegensätzlichen Klassen ist der Motor, der die Geschichte vorantreibt:

Freier und Sklave, Patrizier und Plebejer, Baron und Leibeigener, Zunftbürger und Gesell, kurz, Unterdrücker und Unterdrückte standen in stetem Gegensatz zueinander, führten [...] einen Kampf, der jedes Mal mit einer revolutionären Umgestaltung der ganzen Gesellschaft endete [...].[81]

Der Gentil- und Sklavenhaltergesellschaft folgte nach ihrem Untergang die Feudalgesellschaft, die ebenfalls von einem Konflikt geprägt war. So lebten beispielsweise die Adeligen als Schutz- und Lehensherren von dem, was die Bauern, Handwerker, Händler und Besitzer von Manufakturen und Fabriken produzierten. Indem aber der Adel das Gewerbe, den Handel und das Kreditwesen den Bürgern überließ, erzeugte er eine neue selbstbewusste Klasse, das Bürgertum, oder wie Marx sagt, die „Bourgeoisie". Diese wiederum übernimmt als Negation des Adels die Macht, begründet die kapitalistische Gesellschaft, erzeugt dabei die Arbeiterklasse als ihre eigene Ablösung, oder wie Marx sagt, als „Negation der Negation". In einer langen Reihe von Klassenkämpfen treibt sich schließlich die Geschichte auf ihr Endziel zu, auf eine kommunistische Gesellschaft, in der die Produktionsmittel allen gehören, in der es keine Klassen und somit auch keine weiteren Klassenkämpfe mehr gibt.

Diese Idee vom Ende der Geschichte in einer friedlichen, weltumspannenden Gesellschaft, in der die Menschheit erstmals sinnvoll für den Wohlstand und die kulturelle Entfaltung aller zusammenarbeitet, führte zur Errichtung zahlreicher sozialistischer und kommunistischer Staaten. Das Endziel einer harmonischen, zum Wohle aller produzierenden Gesellschaft wurde aber final nicht erreicht und gilt seit dem Niedergang des real existierenden Sozialismus unter anderem wegen des Scheiterns der Planwirtschaft als unerreichbar.

Sogar marxistisch geprägte Denker wie Adorno und Horkheimer, die nach dem Krieg aus Amerika in das zerstörte Europa zurückkehrten, glaubten nicht mehr an die Vision einer klassenlosen Gesellschaft als Endziel der Geschichte. Und nicht nur das. Ihre Diagnose war beängstigend. Die ganze historische Entwicklung Europas und der Menschheit sei letztlich kein gesellschaftlicher Fortschritt, sondern umgekehrt eine Einbahnstraße in den Abgrund:

Keine Universalgeschichte führt vom Wilden zur Humanität, sehr wohl eine von der Steinschleuder zur Megabombe. Sie endet mit der totalen Drohung der organisierten Menschheit gegen die organisierten Menschen [...].[82]

Insbesondere die Epoche der Aufklärung hatte, so Adorno, fatale Folgen:

> Seit je hat Aufklärung im umfassendsten Sinn fortschreitenden Denkens das Ziel verfolgt, von den Menschen die Furcht zu nehmen und sie als Herren einzusetzen. Aber die vollends aufgeklärte Erde strahlt im Zeichen triumphalen Unheils.[83]

Zwar haben Aufklärer wie Kant, Locke, Hume, Rousseau, Montesquieu, so gesteht Adorno zu, das fortschrittliche Ziel verfolgt, den Menschen die Furcht zu nehmen, vor der Natur, vor wilden Tieren, vor Missernten, vor dem Aberglauben, dem Jüngsten Gericht, der Apokalypse, dem Teufel und anderen irrationalen Vorstellungen. Die „Illumination", das „Enlightenment", wie die Epoche der Aufklärung in Frankreich und England bezeichnet wird, wollte alles illuminieren, erhellen und das rationale Licht der Wissenschaft an die Stelle des irrationalen Glaubens setzen. Doch am Ende, so Adorno, schlug das gut gemeinte Vorhaben der Befreiung in sein Gegenteil

um. Heute haben die Bauern zwar dank der Aufklärung und dank der Wissenschaft keine Angst mehr
vor dem Donnergott und bringen diesem auch keine
rituellen Opfer mehr dar, um die Ernte zu schützen,
aber sie haben dafür einen hohen Preis bezahlt. Die
Natur wird, so Adorno, im aufgeklärten Zeitalter
nicht mehr als übermächtig und bedrohlich empfunden, sondern durch hochmoderne Erntemaschinen,
Fungizide, Pestizide und Massentierhaltungen komplett beherrscht und kontrolliert. Doch die totale
Kontrolle über die Natur mit ihren Monokulturen,
ihrem Raubbau an fossilen Rohstoffen hat ihren
Preis:

Die Menschen bezahlen die Vermehrung ihrer Macht mit der Entfremdung von dem, worüber sie die Macht ausüben.[84]

War für Hegel und Marx noch jede Epoche ein Schritt auf dem Weg zur Erreichung einer letzten und höchsten Wahrheit als Vollendung des ganzen geschichtlichen Prozesses, rückt dieses Ziel aus der Sicht Adornos im Laufe der Geschichte sogar in immer weitere Ferne. Die Entfremdung nimmt ständig zu. Adorno verkehrt sogar den ursprünglichen Satz von Hegel „das Wahre ist das Ganze" provokativ in sein Gegenteil und sagt:

Das Ganze ist das Unwahre.[85]

Auch der französische Denker Michel Foucault sieht das Ende der Geschichte eher skeptisch. Foucault entwirft erstmals das heute viel diskutierte Bild des totalen Überwachungsstaates, auf das der geschichtliche Prozess unaufhaltsam zusteuert. Es gibt, so Foucault, immer neue „Dispositive". Das sind ideologisch funktionale Setzungen, die im Interesse einer bestimmten Form der Machtausübung, eherne gesellschaftliche Strukturen erzeugen, die keine Höherentwicklung mit sich bringen, sondern umgekehrt eine fatale Einschränkung der individuellen

Entfaltung bis hin zur massenhaften Selbstversklavung und Beraubung unserer Freiheit. Im Gegensatz zu vorangegangenen Epochen steht der moderne Mensch, so Foucault, von der Geburtsurkunde, über die Schulzeugnisse, die Berufsabschlüsse, Wohnsitzmeldungen, den Führerschein, Steuerzahlungen, den Impfpass, bis hin zur Sterbeurkunde unter dem ständigen, alles sehenden panoptischen Blick des Staates und seiner institutionellen Überwachung:

> Wir sind [...] eingeschlossen in das Räderwerk der panoptischen Maschine, das wir selbst in Gang halten – jeder ein Rädchen.[86]

Foucault prognostiziert, dass wir uns zunehmend selbst beobachten und überwachen. Am Ende leben wir alle in einer Art panoptischen Gefängnis des Sehens und Gesehenwerdens, in dem jedes Mitglied der Gesellschaft befürchtet, dass es vielleicht gerade beobachtet wird und sich deshalb schon in vorauseilendem Gehorsam so verhält, dass es allen Normen entspricht:

> Derjenige, welcher der Sichtbarkeit unterworfen ist und dies weiß, übernimmt die Zwangsmittel der Macht und spielt sie gegen sich selber aus; er internalisiert das Machtverhältnis, in welchem er gleichzeitig beide Rollen spielt; er wird zum Prinzip seiner eigenen Unterwerfung.[87]

Und am Ende, so Foucaults Résumé, sind wir unsere eigenen Gefängnisdirektoren und überwachen uns selbst, dass wir nichts tun oder denken, was nicht den allgemeinen Dispositiven entspricht. Foucault legt sich in seinem Werk nicht final auf ein mögliches Ende der Geschichte fest, warnt aber hinsichtlich unserer zukünftigen Entwicklung vor dem Untergang jeder individuellen Freiheit. Er spricht sogar vom „Ende des Menschen" bzw. der Selbstauflösung des Individuums in den Zwängen der Massengesellschaft:

[...] der Mensch verschwindet wie am Meeresufer ein Gesicht im Sand.[88]

Fazit: Das Ende der Geschichte wird in der Philosophie sehr unterschiedlich gesehen. Bei Schopenhauer und Nietzsche bleibt letztlich alles, wie es ist. Bei Denkern wie Rousseau, Adorno und Foucault gibt es eine lineare Abwärts-, bei Hegel, Marx und Habermas eine lineare Aufwärtsbewegung. Letztere sehen die Chance auf eine fortwährende Entfaltung der Vernunft, die uns immer weiter verbindet und am Ende zur Weltgesellschaft führt.

Wo aber endet sie wirklich – die Geschichte? Wird alles immer besser oder immer schlechter? Die Antwort ist und bleibt spekulativ. Der amerikanische Philosoph und Pragmatiker William James empfiehlt uns eindringlich, auf ein gutes Ende zu setzen. Obwohl es, so James, nicht absehbar ist, ob wir jemals in der Lage sein werden, alle Probleme dieser Welt zu lösen, sollte sich dennoch jeder vernünftige Mensch so verhalten, als ob er sich dessen sicher wäre. Und wenn es dann nicht so kommen sollte, dann waren wir, so

James, zumindest optimistisch. An ein gutes Ende der Geschichte zu glauben, ist inzwischen mehr als nur ein spielerischer Zweckoptimismus. Angesichts wachsender Konflikte und globaler Bedrohungen wird es zur Pflicht, hartnäckig an dem Vorsatz festhalten, aus der Welt einen besseren Ort zu machen.

9.

Gibt es eine Formel, die alles erklärt?

Die Frage nach der Weltformel stellten sich schon die alten Griechen. So versuchten bereits die Vorsokratiker, die ungeheure Vielfalt der Welt in all ihren mannigfaltigen Erscheinungsformen und Prozessen auf ein einziges, allen physischen Erscheinungen zugrundeliegendes Prinzip zurückzuführen. Den Anfang machten Leukipp und sein Schüler Demokrit mit dem sogenannten Atomismus. Die ganze Welt, so war Demokrit überzeugt, also die Menschen, Tiere, Pflanzen, Seen, Berge, das Meer, der Himmel und alles andere, was wir wahrnehmen können, seien letztlich nur unterschiedliche Anordnungen von kleinsten Teilchen, sogenannten „Atomen". Diese Teile bilden, so Demokrit, auch wenn wir sie mit bloßem Auge nicht sehen können, den universellen Grundstoff von Allem und Jedem. Atom kommt vom griechische Wort A-tomos heißt übersetzt nicht-teilbar. Das bedeutet, dass die Atome, aus denen alle physischen Erscheinungen bestehen, selbst nicht mehr geteilt werden können. Sie sind unzerschneidbar, von größter Härte und lassen sich somit nicht mehr in andere Elemente zerlegen. Atome und der leere Raum sind, so die Auffassung der antiken Atomisten, letztlich die beiden Grundbestandteile des Universums. Wörtlich sagt Demokrit: „Nur scheinbar hat ein Ding eine Farbe, nur scheinbar ist es süß oder bitter; in Wirklichkeit gibt es nur Atome und leeren Raum." Ein Teller wird, so Demokrit, in Wirklichkeit von einer Vielzahl konzentrisch angeordneter Atome gebildet, ein Pferd durch die unterschiedliche Anordnung von Atomen in Beinen, Körper und Haupt. Und das gelte letztlich auch für das ganze Universum, also etwa für die Sterne am Himmel. Die zugrundeliegende Weltformel heißt K = Atom + Atom + Atom^x, also jeder Körper ist die Ansammlung einer entsprechend hohen Zahl von Atomen. Das erklärt allerdings noch nicht die Bewegung einer fliegenden Diskusscheibe, eines galoppierenden Pferdes oder die Bewegung der Sterne. Die frühen Atomisten hatten hierzu jedoch bereits eine erste Theorie. Sie vermuteten eine Eigenbewegung der Atome beziehungsweise eine ständige durch Kollisionen erzeugte Neugruppierung und Neuausrichtung.

Das prinzipielle Modell des Atomismus als Lehre von den kleinsten Teilchen gilt im Prinzip bis heute, also bis hinein in die moderne Teilchenphysik. Die Atome selbst kann man übrigens wie in Demokrits Zeiten noch immer nicht sehen, lediglich die Elektronenhüllen, die sich um die Atomkerne wie eine Art Schale herumgruppieren. Im Unterschied aber zu Demokrit konnten neuzeitliche Physiker wie Isaac Newton die Bewegung der Atome bis hin zur Bewegung ganzer Planeten erheblich besser beschreiben und sogar berechnen. Die Bewegung der Körper und der Kräfte der Natur resultieren nämlich, so Newton, nicht nur aus mechanischen Kontakten der Materie bzw. Atome, sondern auch aus der Fernwirkung der Schwerkraft. In seinem epochemachenden Werk Philosophiae Naturalis Principia Mathematica von 1687 gelingt es Newton, die Erkenntnisse Galileis über die Erdanziehung, Keplers Gesetze der Planetenbewegung und das Phänomen von Ebbe und Flut in einem einzigen Gesetz zusammenzufassen: dem Newtonschen Gravitationsgesetz. Dieses Gravitationsgesetz war damals eine Sensation und wurde als neue „Weltformel" gefeiert. Es erlaubte nämlich erstmals, die Bewegung von allen Körpern bis hin zur Bewegung der Planeten mathematisch zu berechnen. Der Philosoph Popper schreibt begeistert:

Das war wirkliches Wissen; Wissen, das selbst die wildesten Träume der kühnsten Geister noch übertraf. Hier war eine Theorie, die nicht nur die Bewegungen aller Sterne [...] erklärte, sondern ebenso genau auch die Bewegung von

Körpern auf der Erde wie fallenden Äpfeln, Geschossen oder Pendeluhren. Und sie erklärte sogar die Gezeiten.[89]

Man glaubte, die Naturkräfte endlich ein für alle Mal entschlüsselt und die endgültige Weltformel gefunden zu haben. Doch dann kam die berühmte Sonnenfinsternis von 1919. Sie ermöglichte für kurze Zeit, zwei ansonsten verborgene und sehr weit entfernte Sterne deutlich zu sehen und zu fotografieren. Einstein berechnete im Voraus, dass die beiden Sterne gemäß seiner Relativitätstheorie an einer ganz anderen Position auftauchen und zu sehen sein würden, als es gemäß dem Newtonschen Gravitationsgesetz der Fall sein müsste. Die britische Regierung schickte daraufhin je eine Expedition mit einer Teleskopkamera in den Norden Brasiliens und auf die Insel Principe vor der westafrikanischen Küste, um von dort aus mit präzisen Fotos die exakte Position der Sterne zu bestimmen. Und tatsächlich hatte Einstein recht. Dieser Paradigmenwechsel verursachte bei dem berühmten Philosophen und Mathematiker Karl Popper eine Art Epiphanie, einen Augenblick höchster Erkenntnis. Denn Popper war jahrelang ein großer Bewunderer der Newtonschen Physik und musste nun mit einem Schlag umdenken:

> Was sicher ist, ist, daß Einstein uns gezeigt hat, daß Newton [...] korrigiert werden mußte. Und die Newtonsche Theorie war in dieser Zeit die am besten geprüfte, am besten erprobte Theorie, die es je gegeben hat.[90]

Wenn dies aber so ist, wenn sich ein Genie wie Newton tatsächlich geirrt hatte und sein für unfehlbar gehaltenes Wissen nach über zweihundert Jahren durch ein besseres Wissen ersetzt werden musste, dann, so dachte Popper, gibt es vielleicht generell in der Wissenschaft keine endgültigen Wahrheiten. Und er kam zu dem Schluss:

Das wissenschaftliche „Wissen" ist kein Wissen: Es ist nur Vermutungswissen.[91]

Schließlich formuliert er es noch radikaler:

[...] wir (haben) es [...] auch in der sichersten, besten Wissenschaft, durchwegs mit Vermutungswissen zu tun [...]. *Nicht mit Wissen, sondern mit Vermutungswissen.*[92]

Natürlich versuchen Wissenschaftler immer, ihre vermuteten Hypothesen und Theorien auch mit empirisch messbaren Beobachtungen zu unterlegen, aber selbst diese Beobachtungen können sich verändern oder neue hinzukommen und solchermaßen die bisherige Theorie widerlegen oder unbrauchbar machen:

> Bekanntlich berechtigen uns noch so viele Beobachtungen von weißen Schwänen nicht zu dem Satz, daß *alle* Schwäne weiß sind.[93]

Es könne deshalb in der Wissenschaft, so Popper, generell keine Weltformel geben, sondern immer nur eine Annäherung an die Wahrheit. Da Raum und Zeit unendlich sind, werden wir Menschen niemals die unendliche Dimension des Universums vollständig ermessen oder entschlüsseln können. Die Natur selbst, so Popper, kennt ohnehin keine Naturgesetze oder Formeln, es sind immer nur die Menschen, die der Natur Gesetzmäßigkeiten unterstellen:

Es sind *wir*, die die wissenschaftlichen Theorien schaffen, es sind *wir*, die die wissenschaftlichen Theorien kritisieren. [...] *Wir* erfinden die Theorien, und *wir* bringen unsere Theorien um.[94]

Auch Einsteins Relativitätstheorie gilt nur solange, bis wir ein noch besseres Erklärungsmodell gefunden haben. Die Relativitätstheorie ist ohnehin keine Weltformel, da sie nur eine Teilperspektive der Physik abdeckt und sich mit der wissenschaftlich ebenfalls anerkannten Quantenphysik nicht vereinbaren lässt. Es gab und gibt zwar Versuche, beide Theorien in einer „Grand Unifying Theory" (GUT) oder einer „Theorie of Everything" (TOE) zusammenzuführen, wie die Weltformel in den angelsächsischen Ländern genannt wird, doch bislang ohne jeden Erfolg. Denn eine solche „Theory of Everything", also eine „Theorie von Allem" müsste eine widerspruchsfreie Beschreibung und berechenbare Vorhersage aller in der Natur beobachtbaren Phänomene ermöglichen und zwar mit Hilfe eines einfachen Satzes mathematischer Formeln. Und genau diese mathematische Berechenbarkeit erscheint unmöglich. Zu demselben Ergebnis kommt bereits 1872 der theoretische Mediziner Emil du Bois-Reymond in seiner Rede „Über die Grenzen des Naturerkennens". Er verwendet damals als Erster das deutschsprachige Wort „Weltformel", und erklärt klar und deutlich, dass jeder Anspruch, die Welt ausgehend von messbareren Phänomenen mathematisch zu beschreiben, illusionär sei.

Fazit: Eine Weltformel, die alles erklärt gibt es derzeit nicht. Es wird sie nach Auffassung von Physikern und Philosophen wohl auch in Zukunft nicht geben, da wir selbst in einer bis an die Ewigkeit heranreichenden Zeitspanne niemals in der Lage sein werden, die unendlich neu auftauchenden Welten und Phänomene im Voraus final zu definieren und zu berechnen. Grundsätzlich bezieht sich der Begriff der Weltformel auf physikalisch messbare Größen, doch stoßen auch die besten gegenwärtigen Theorien bei dem Versuch, die Erkenntnisse aus den Teilbereichen der Physik zu vereinheitlichen, an ihre Grenzen. Weil wir Unendlichkeit nicht denken, verstehen und letztlich nicht berechnen können, müssen wir uns darauf beschränken, das zu erklären, was wir mit unseren besten Teleskopen und Techniken gerade noch sehen und messen können. Alles nicht Messbare, also das sogenannte „Unermessliche" bleibt im Dunklen und macht es unmöglich, die Weltformel zu finden.

Das mag auf den ersten Blick enttäuschend klingen, ist aber vielleicht auch von Vorteil. So hat uns der Schriftsteller Dürrenmatt in seinem Theaterstück „Die Physiker" auf geniale Weise vor dem Augenblick gewarnt, an dem es der Menschheit gelingt, die Weltformel zu finden. Die Menschen hätten dann das Wissen, die Bewegung des gesamten Kosmos zu verstehen, zu manipulieren und gegebenenfalls zu zerstören. Dürrenmatts fiktive Hauptperson seines Theaterstücks, der Physiker Möbius, findet tatsächlich die Weltformel. Aber statt sie zu veröffentlichen und berühmt zu werden, zieht er es vor, den Irren zu spielen und sich als Patient in der Abgeschiedenheit einer psychiatrischen Anstalt einsperren zu lassen, um die Menschheit vor dem Missbrauch seiner Entdeckung zu bewahren. Sicherheitshalber verbrennt er alle seine Aufzeichnungen. In Dürrenmatts Theaterstück gerät die Formel am Ende aber doch noch in falsche Hände. Denn die Anstaltsleiterin hat die Weltformel, bevor sie verbrannt wurde, heimlich kopiert und will damit nun ihre Weltherrschaft errichten. In der Wirklichkeit unseres Weltentheaters sieht es glücklicherweise anders aus. Die berühmte „Büchse der Pandora" bleibt vorerst fest verschlossen.

10.
Was ist Zeit?

Was ist Zeit? Auch die Antwort auf diese Frage scheint auf den ersten Blick wieder sehr einfach zu sein. Wenn wir beispielsweise auf unser Handy schauen, sehen wir vielleicht, dass es gerade 12 Uhr mittags ist. Wenn wir später wieder darauf schauen, ist es vielleicht schon 15 oder 17 Uhr. Die Zeit, so weiß jeder, vergeht sekündlich, minütlich, stündlich und täglich. An Silvester wird uns dann bewusst, dass wieder ein ganzes Jahr vorbei ist. Die Zeit ist also nichts anderes, als ein fortwährender – in Uhrzeit und Datum messbarer – Ablauf. Wörter wie Aufstehzeit, Brotzeit, Mahlzeit, Schlafenszeit, Jahreszeit beschreiben nur einige Intervalle innerhalb dieses unaufhaltsamen Ablaufs.

In der Ökonomie werden solche Zeitintervalle, etwa in Form anfallender Arbeits-, Herstellungs- oder Lieferzeit sogar als Wertgegenstände oder Wertfaktoren betrachtet und berechnet. Jeder kennt den Satz: „Zeit ist Geld". Beispielsweise muss eine Ware umso teurer verkauft werden, desto mehr Zeit für ihre Herstellung aufgewendet wird. Erheblich schwieriger als die Zeit=Geld-Formel in der Ökonomie, ist es, die Zeit als physikalische Größe zu verstehen. Gemäß Einsteins Relativitätstheorie ist die Zeit nämlich die sogenannte vierte Dimension. Die ersten drei Dimensionen, also die Dimension der Höhe, Breite und Tiefe kennen wir alle noch aus der Schule. Sie beschreiben zusammen den Raum, beispielsweise den Raum eines Kleiderschrankes, eines Zimmers oder des Universums. Noch bei Newton hatte der solchermaßen definierte dreidimensionale Raum nichts mit der Dimension der Zeit zu tun. Wenn beispielsweise ein Lichtstrahl durch das Weltall ging, dann war man sich ganz sicher, dass er von seiner prinzipiell geraden Bahn gemäß der Newtonschen Mechanik nur durch die unterschiedlich große Schwerkraft der Planeten abgelenkt würde. Bei Einstein spielt nun aber zusätzlich die Zeit eine entscheidende Rolle. In seinem vierdimensionalen Modell stehen Raum und Zeit in einem untrennbaren Zusammenhang und bilden zusammen die sogenannte „Raumzeit". Um seine Annahme zu veranschaulichen schlägt Einstein vor, sich die Raumzeit wie ein Trampolin als flache elastische Ebene vorzustellen. Trifft eine Masse auf die Raumzeit, verformt sich diese, als würde eine Kugel das Trampolin nach unten durchbiegen. Je schwerer die Kugel, umso tiefer die Einbuchtung. Es kommt zu einer Krümmung der Raumzeit. Diese Krümmung führt zu Gravitationswellen und ist berechenbar. Bei der großen Sonnenfinsternis von 1919 konnte Einstein mit seinem vierdimensionalen Modell im Voraus berechnen, wie das Licht zweier weit entfernter Sterne unterwegs durch die Raumzeit gekrümmt und an welcher Stelle es von der Erde aus sichtbar werden würde. Da seine Vorausberechnungen sich entgegen der Newtonschen Mechanik bewahrheiteten, war klar, dass Raum und Zeit physikalisch in einer Relation stehen. Doch die Raumzeit als physikalische Größe spielt, so Einstein, innerhalb eines so kleinen Kosmos wie der Erde zu einem bestimmten definierten Zeitpunkt keine Rolle. So beschreibt er selbst den Faktor Zeit für den Menschen im Alltag verblüffend einfach: „Zeit ist das, was man an der Uhr abliest."

Auch philosophisch gesehen ist Zeit zunächst nur das, was man an der Uhr abliest, also ein chronologischer Ablauf, eine Aneinanderreihung von Augenblicken, die aus Gegenwart, Vorher und Nachher besteht. Allerdings haben die Philosophen zwei zusätzliche Momente entdeckt, die uns das Phänomen Zeit erheblich besser verstehen lassen. Immanuel Kant beispielsweise hat entdeckt, dass die Zeit genau wie der Raum eine, wie er sagt, „apriorische Anschauungsform" ist. Das Wort A priori setzt sich zusammen aus dem lateinischen Wort „prior", der „Erste" und der Vorsilbe „A", die „von...her" oder „vor" bedeutet. A priori heißt also „Vom Allerersten her" gedacht oder im Sinne von Kant auch „Vor dem Allerersten". Die „apriorischen Anschauungsformen" Raum und Zeit gibt es nämlich gemäß Kant bereits vor der ersten räumlichen und zeitlichen Wahrnehmung eines Gegenstandes. Sie sind schon vor jeder konkreten Erfahrung in uns angelegt. Sobald wir nämlich morgens erwachen und die Augen öffnen, sehen, hören und riechen wir schon alles in einer raum-zeitlichen Dimension. Das Klingeln des Weckers, das Zwitschern der Vögel, die vorbeifahrende Trambahn, die Geräusche aus der Küche, der Duft nach Kaffee werden ohne unser Zutun automatisch in eine chronologische Reihenfolge gebracht. Unser Denkapparat stülpt blitzschnell ein raum-zeitliches Raster über alle Sinneseindrücke und dieses Raster haben wir a priori in unserem Kopf. Das Raster selbst ist, anders als die Sinneseindrücke in der Außenwelt, nicht sichtbar, sondern befindet sich ausschließlich in unserem Denkapparat. Ich zwinge a priori, also von Voneherein, alle Sinneseindrücke gnadenlos in ein räumliches und zeitliches Korsett. Zum Beispiel sehe ich 30 Zentimeter vor mir den Wecker stehen, einen Meter davon entfernt das Fenster und noch mal zehn Zentimeter davor den herunterhängenden Vorhang, der wiederum zwanzig Zentimeter weit geöffnet ist und einen Sonnenstrahl hineinlässt. Ich gruppiere also alle Dinge immer schon in Entfernungen, Abständen und als neben-, unter- oder über-einanderliegend ein:

[...] damit ich sie als außer und neben einander, mithin nicht bloß verschieden, sondern als

verschiedenen Orten vorstellen könne, dazu muss die Vorstellung des Raumes schon zu Grunde liegen.[95]

Genau wie die Raumvorstellung befindet sich nach Kant auch unsere Zeitvorstellung unabhängig von konkreten Sinneswahrnehmungen vorab in unserem Denkapparat. Sie ist sogar die Bedingung dafür, dass wir die Geschehnisse überhaupt in einem zeitlichen Verlauf von Gegenwart, Vorher und Nachher einordnen können:

Die Zeit ist eine notwendige Vorstellung, die allen Anschauungen zu Grunde liegt [...].[96]

Auch kann kein einziger Mensch, selbst wenn er es wollte, aus der räumlichen oder zeitlichen Wahrnehmung ausbrechen oder sich davon befreien, da wir dieses Raster seit unserer Geburt ein Leben lang mit uns herumtragen. Und nur diesem Raster ist es zu verdanken, dass wir das wiederholte Klingeln des Weckers, das Zwitschern der Vögel, das zunehmende Tageslicht und den Duft nach Kaffee in einer chronologischen Abfolge sinnvoll einordnen und somit schlussfolgern können, dass wir jetzt aufstehen sollten.

Die Zeitwahrnehmung ist also ein Helfer, den wir zur Bewältigung des Alltags benötigen, den wir andererseits aber auch niemals abschütteln können. Der Philosoph Heidegger hat den zweiten Aspekt phänomenologisch näher untersucht und die existenzielle Bedeutung der Zeitwahrnehmung für unser Dasein ergründet. Wenn es nämlich stimmt, dass wir, wie Kant sagt, der apriorischen Zeitwahrnehmung niemals entkommen können, dann bedeutet das, dass wir auch ein Leben lang mit der Wahrnehmung eines „Vorher und Nachher" umgehen müssen. Denn der Mensch, so Heidegger, erlebt das Phänomen der Zeit keineswegs nur abstrakt als Messeinheit, sondern ganz konkret als persönliche Lebenswirklichkeit und oftmals sogar als fundamentale Bedrohung. Unsere

Zeit, so Heidegger, ist nämlich endlich und wir alle leben, ob wir es wollen oder nicht, Tag für Tag auf den Zeitpunkt hin, an dem sie final zum Stillstand kommt. Menschliches Dasein ist, so Heidegger, ein „Sein zum Tode":

> Als geworfenes In-der-Welt-sein ist das Dasein je schon seinem Tode überantwortet. Seiend zu seinem Tode, stirbt es faktisch und zwar ständig [...].[97]

Das klingt zunächst einmal beunruhigend. Wohl deshalb, so Heidegger, verdrängen oder verschieben wir diesen Zeitpunkt unseres Ablebens in Gedanken so gut wie es irgendwie geht:

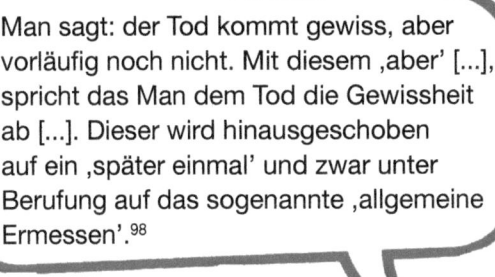

Man sagt: der Tod kommt gewiss, aber vorläufig noch nicht. Mit diesem ‚aber' [...], spricht das Man dem Tod die Gewissheit ab [...]. Dieser wird hinausgeschoben auf ein ‚später einmal' und zwar unter Berufung auf das sogenannte ‚allgemeine Ermessen'.[98]

Nach allgemeinem Ermessen liegt die Lebenserwartung der Männer in Europa schon bei weit über 70 Jahren und die der Frauen sogar bei über 80 und bis dahin – so denken sich viele – ist es ja noch lange hin. „Man" hat ja das ganze Leben noch vor sich, „man" ernährt sich gesund und macht Sport. Und selbst ältere Menschen blenden den Tod gerne aus. „Man" ist ja noch rüstig, gehört noch nicht zum alten Eisen:

Das Man lässt den Mut zur Angst vor dem Tod nicht aufkommen.[99]

Heidegger rät uns, dieses anonyme „Man" aufzugeben, das Gegenteil zu tun und uns den Tod sogar schon im Jugendalter bewusst vor Augen zu führen. Am besten sollten wir sogar innerlich zu diesem Endpunkt vorauslaufen, um dann zurückzukehren und die uns verbleibende Zeit existenziell entschlossen zu gestalten:

Das Vorlaufen [...] zwingt das vorlaufende Seiende in die Möglichkeit, sein eigenstes Sein von ihm selbst her aus ihm selbst zu übernehmen.[100]

Im ‚Vorlaufen auf den Tod' werden wir uns der Tatsache der Begrenztheit all unserer Möglichkeiten bewusst. Wir werden gewahr, dass wir unsere Wünsche, Pläne und Visionen innerhalb unseres Daseins so wählen müssen, dass sie nicht zu groß und nicht zu klein sind. Wer seine Endlichkeit ausblendet, und sich als ‚ewig jung' und ‚unsterblich' entwirft, nimmt sich unter Umständen in seinem Lebensentwurf zu viel vor und leidet dann unter der Nichterfüllung seiner Visionen. Er zieht entweder im Alter eine ernüchternde Bilanz oder führt bis zum Ende ein gehetztes und rastloses Leben, dem jede innere Befriedigung versagt bleibt. Umgekehrt kann man sich aber auch zu wenig vornehmen, sich unterfordern und das Gefühl bekommen, nichts zu leisten und sein Leben zu verplempern. Deshalb ist es wichtig, im Vorlaufen auf den Tod realistisch seine Möglichkeiten zu erschließen. Vor allem aber können wir im Vorlaufen auf den Tod die wichtige Erfahrung machen, dass wir – sobald wir die Angst vor dem Tod zulassen – spüren, dass es auch in uns selbst nichts gibt, das uns sagt, ob und wie wir zu leben haben:

Das Nichts, davor die Angst bringt, enthüllt die Nichtigkeit, die das Dasein in seinem Grunde bestimmt [...]. [101]

Dieser Nichtigkeit aber müssen wir uns stellen, denn sie eröffnet auch die Möglichkeit, uns darin zu gründen, uns als eigentliches Dasein zu erwählen und zu erschaffen. Das Nichts bedeutet somit bei aller von ihm ausgehenden Bedrohlichkeit gleichsam auch die Chance und die Freiheit zum „Selbst-sein-Können", wie es Heidegger nennt. Das Leben lebt sich nämlich nicht von alleine, es muss gelebt werden und zwar von uns. Es hat somit einen Aufgabecharakter. Wir müssen uns entscheiden, diese Aufgabe zu übernehmen, uns in dieses Nichts zu setzen und existenziell zu gründen. Die Angst vor dem Nichts ist also letztlich die Angst, dass wir die Aufgabe des Lebens nicht mehr übernehmen können und zugleich die ungeheure Freiheit, uns leidenschaftlich für das Leben entscheiden zu können – und zwar für unser Leben, das wir jetzt und in Zukunft leben wollen. Haben wir diese Entscheidung erst einmal getroffen, dann entkommen wir der Dimension des verallgemeinerten anonymen „man", und richten uns nicht mehr danach aus, was „man" so denkt und tut.

Das Vorlaufen enthüllt dem Dasein die Verlorenheit in das Man-selbst und bringt es vor die Möglichkeit, [...] es selbst

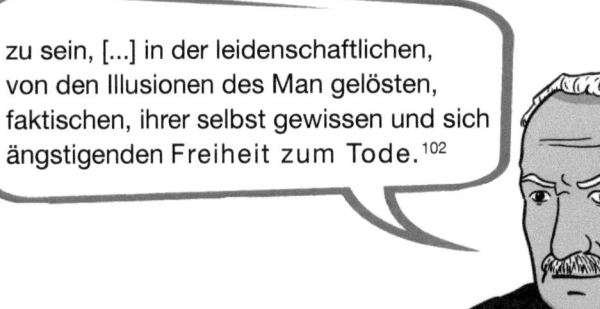

zu sein, [...] in der leidenschaftlichen, von den Illusionen des Man gelösten, faktischen, ihrer selbst gewissen und sich ängstigenden Freiheit zum Tode.[102]

Die Freiheit zum Tode bedeutet natürlich nicht, dass wir uns suizidieren sollen, wohl aber, dass wir die beängstigende Freiheit spüren, uns für oder gegen das Leben entscheiden zu können. Zeit ist also für den Existenzialisten Heidegger etwas sehr Persönliches, nicht nur, weil jeder Einzelne unterschiedlich viel Lebenszeit auf seinem Konto hat, sondern vor allem deshalb, weil wir die Zeit – in Anerkennung ihrer Begrenztheit durch den Tod – zu „unserer" Zeit machen können und sollen. Das heißt, wir sollten unsere Lebenszeit intensiv und bewusst gestalten, nicht nur hinsichtlich der großen Entscheidungen wie der Berufs- oder Partnerwahl, sondern auch und gerade in den kleinen Angelegenheiten des Lebens. Entscheidungen haben prinzipiell mit Zeit zu tun.

Die Begrenztheit unserer Lebenszeit hat auch etwas Positives, denn sie verleiht jedem Augenblick erst seinen besonderen Wert. Jede Entscheidung für eine Möglichkeit bedeutet im wahrsten Sinne des Wortes das Ent- beziehungsweise Ausscheiden anderer Möglichkeiten. Wenn sich jemand entscheidet, Architektur zu studieren, beraubt er sich der Möglichkeit Astronaut oder Mathematiker zu werden. Und wenn Sie beispielsweise gerade diese Zeilen lesen, haben Sie entschieden, sich mit den 10 großen Fragen der Philosophie zu befassen und sich damit vorenthalten, in dieser Zeit die Wäsche zu waschen, Radio zu hören oder etwas anderes zu tun. Da unsere Zeit begrenzt ist, ist jeder Moment die Folge einer Entscheidung und gewinnt dadurch seinen Wert.

Fazit: Was ist Zeit? In der Ökonomie ist die Zeit ein kostbarer Wertfaktor, den man in Geld messen kann, in der Physik als vierte Dimension eine Größe zur Vorausberechnung der Bewegung von Körpern und Teilchen, in der Philosophie eine jedem Menschen apriorisch zukommende Anschauungsform, die uns erst ermöglicht, alle Sinneswahrnehmungen und Erfahrungen chronologisch zu ordnen. Sie ist aber darüber hinaus auch etwas sehr Persönliches, sobald man sie als eigene Lebenszeit erfährt. Wir sollten unser Leben ab und zu auf den Tod hin überdenken und uns die existenzielle Frage beantworten: Ist mein Leben das, was es sein soll? Ist es gut so, wie es ist oder muss und kann ich mich noch mal verändern? Dabei macht der Tod als eherne Grenze aller Möglichkeiten unser Dasein erst einzigartig und wertvoll. Denn erst die Tatsache, dass unsere Zeit auf Erden begrenzt ist, verleiht jedem Augenblick und jeder Begegnung ihren besonderen Wert. Würden wir ewig leben, ließe sich alles Versäumte beliebig oft nachholen und wiederholen. So aber entscheiden wir in jeder Sekunde, wie und mit wem wir den Tag verbringen, was wir für uns und andere ins Werk setzen wollen. Ob Beamter, Künstler, Soldat oder Revolutionär, es ist jeweils unsere Entscheidung, wer wir in der begrenzten Zeit unseres Lebens sind und sein wollen. Aus Sicht der Existenzialisten sollte jeder von uns seine Zeit entschlossen nutzen und zu sich selbst sagen: Bevor ich war, bin ich!

Zitatverzeichnis:

1   Zitat, René Descartes, Meditationes de prima philosophia, Meditationen über die Grundlagen der Philosophie, hrsg. von Lüder Gäbe, übers. von Artur Buchenau, Felix Meiner Verlag, Hamburg 1977, S. 57, im Folgenden zitiert als „Meditationen"

2   Zitat, René Descartes, Meditationen, S. 35

3   Zitat, Arthur Schopenhauer, Parerga und Paralipomena, Band I, zweiter Teilband, Züricher Ausgabe, Kap. 1, Band 8, S. 346 f., im Folgenden zitiert als „Parerga I/2, Band 8"

4   Zitat, Arthur Schopenhauer, Die Welt als Wille und Vorstellung, Band I, erster Teilband, § 1, Züricher Ausgabe, Band 1, S. 29, im Folgenden zitiert als „Welt als Wille I/1, Band 1"

5   Zitat, Arthur Schopenhauer, Preisschrift über die Grundlage der Moral, in: Züricher Werksausgabe, § 14, Band 6, S. 237, im Folgenden zitiert als „Grundlagen der Moral, Band 6"

6   Zitat, Karl R. Popper, in: Karl R. Popper, Konrad Lorenz, Die Zukunft ist offen, Piper Verlag, Taschenbuch, München/Zürich 1985, S. 50, im Folgenden zitiert als „Die Zukunft ist offen"

7   Zitat, Karl R. Popper, in: „Ich weiß, daß ich nichts weiß – und kaum das", Karl Popper im Gespräch über Politik, Physik und Philosophie, Interview mit der Zeitung „Die Welt", Ullstein Verlag, Frankfurt a. Main 1990, S. 104, im Folgenden zitiert als „Die Welt"

8   Zitat, Friedrich Nietzsche, Friedrich Nietzsche, Kritische Studiensaus gabe (KSA) in 15 Bänden, hrsg. von Giorgio Colli und Mazzino Montinari, Deutscher Taschenbuch Verlag, München 1999, Zur Genealogie der Moral, KSA Band 5, S. S. 322, im Folgenden zitiert als „Zur Genealogie der Moral, KSA 5"

9   ebenda

10   Zitat, Friedrich Nietzsche, Zitat, Zur Genealogie der Moral, KSA 5, S. 323

11   Zitat, Friedrich Nietzsche, Also sprach Zarathustra, Ein Buch für Alle und Keinen, Insel Verlag, Frankfurt a. Main 1980, Kap: Vom Baum am Berge, S. 46

12 Zitat, Sigmund Freud, Eine Schwierigkeit der Psychoanalyse, in: Gesammelte Werke, 2. Auflage, Frankfurt a. Main 1964, Band XII, S. 11 , im Folgenden zitiert als „Eine Schwierigkeit der Psychoanalyse, GW, Band XII"

13 Zitat, Sigmund Freud, Die kulturelle Sexualmoral und die moderne Nervosität, GW, Band VII, S. 154

14 Zitat, Jean-Paul Sartre, Der Existenzialismus ist ein Humanismus, Rowohlt Verlag, Reinbek bei Hamburg 2010, S. 155, im Folgenden zitiert als „Humanismus"

15 Zitat, Jean-Paul Sartre, Das Sein und das Nichts, Versuch einer phänomenologischen Ontologie, Rowohlt Verlag, Reinbek bei Hamburg 1985, S. 626, im Folgenden zitiert als „Sein und Nichts"

16 Zitat, Jean-Paul Sartre, Humanismus, S. 169

17 Zitat, Jean-Paul Sartre, ebenda, S. 150

18 Zitat, Karl Marx, Zitat, Ökonomisch-philosophische Manuskripte, in: Karl Marx, Friedrich Engels, Werke in 39 Haupt- und zwei Ergänzungsbänden, Dietz-Verlag, Berlin 1956, Ergänzungsband 1, S. 515, im Folgenden zitiert als „MEW"

19 Zitat, Karl Marx, Thesen über Feuerbach, MEW, Band 3, S. 535

20 Zitat, Karl Marx, Ökonomisch-philosophische Manuskripte, Ergänzungsband 1, MEW, S. 537

21 Zitat, Deutsche Ideologie, MEW, Band 3, S. 21, 27

22 Zitat, Neue Folge der Vorlesungen zur Einführung in die Psychoanalyse, GW, Band XV, S. 84

23 Zitat, ebenda, S. 84, f.

24 Zitat, Jean-Paul Sartre, Das Sein und das Nichts, S. 670

25 Zitat, Jean-Paul Sartre, Humanismus, S. 161

26 Zitat, Albert Camus, Der Mythos des Sisyphos, Deutsch und mit einem Nachwort von Vincent von Wroblewsky, Rowohlt Taschenbuch Verlag, Reinbek bei Hamburg 2000, S. 56, im Folgenden zitiert als „Mythos"

27 Zitat, Albert Camus, Mythos, S. 33

28 Zitat, Albert Camus, ebenda, S. 20

29 Zitat, Platon, Gorgias, S. 225, Stephanus-Nr. 470 e, in: Platon, Sämtliche Werke, Band 1, S. 197 – 283, in der Übersetzung von Friedrich Schleiermacher mit der Stephanus-Nummerierung, hrsg. von Walter F. Otto, Ernesto Grassi, Gert Plamböck, Rowohlt Taschenbuch Verlag, Reinbek bei Hamburg 1985, im Folgenden zitiert als „Gorgias"

30 Zitat, Politeia, Stephanus-Nr. 505 d, e, in: Platon, Staat, mit einer Einführung von Th. A. Szlezák, dtv, Artemis, München/Zürich, 1991. Vgl. auch Politeia, S. 218, Stephanus-Nr. 505 d, e, in: Platon, Sämtliche Werke, Band 3, S. 67 – 310, in der Übersetzung von Friedrich Schleiermacher mit der Stephanus-Nummerierung, hrsg. von Walter F. Otto, Ernesto Grassi, Gert Plamböck, Rowohlt Taschenbuch Verlag, Hamburg 1958. Hier lautet die Übersetzung: „Was also jede Seele anstrebt und um deswillen alles tut, ahnend, es gebe so etwas..."

31 Zitat, Platon, Phaidon, S. 17, Stephanus-Nr. 64 d, in: Platon, Sämliche Werke, Band 3, S. 7 – 66, in der Übersetzung von Friedrich Schleiermacher mit der Stephanus-Nummerierung, hrsg. von Walter F. Otto, Ernesto Grassi, Gert Plamböck, Rowohlt Taschenbuch Verlag, Reinbek bei Hamburg 1985, im Folgenden zitiert als ‚Phaidon'

32 Zitat, Phaidon, S. 17, Stephanus-Nr. 64 e

33 Zitat, Epikur, Fragmente, in: Griechische Atomisten, Texte und Kommentare zum materialistischen Denken der Antike, hrsg. von Fritz Jürss et al., Reclam Verlag, Leipzig 1977, S. 313, im Folgenden zitiert als „Fragmente, in: Griechische Atomisten"

34 Zitat, Epikur, Brief an Menoikeus, in: Briefe, Sprüche, Werkfragmente, übers. von Hans-Wolfgang Krautz, Reclam Verlag, Stuttgart 2019, S. 47, im Folgenden zitiert als „Brief an Menoikeus, in: Briefe, Sprüche, Werkfragmente"

35 Zitat, Epikur, Fragmente, in: Griechische Atomisten, S. 307 f.

36 Zitat, Epikur, Briefe an Freunde und Verwandte, in: Briefe, Sprüche, Werkfragmente, übers. von Hans-Wolfgang Krautz, Reclam Verlag, Stuttgart 2019, S. 53, im Folgenden zitiert als „Briefe, Sprüche, Werkfragmente"

37 Zitat, Immanuel Kant, Die Kritik der reinen Vernunft, hrsg. von Wilhelm Weischedel, Werke in 12 Bänden, Band III/IV, Suhrkamp, Frankfurt a. Main 1968, S. 128 (A 39, 40) im Folgenden zitiert als KrV

38 Zitat, Immanuel Kant, KpV, S. 140 (A 54)

39 Zitat, Immanuel Kant, Beantwortung der Frage: Was ist Aufklärung?, hrsg. von Wilhelm Weischedel, Werke in 12 Bänden, Band XI, Schriften zur Anthropologie, Geschichtsphilosophie, Politik und Pädagogik 1, Suhrkamp, Frankfurt a. Main 1968, S. 53 (AXI, XII), im Folgenden zitiert als WiA

40 Zitat, Konfuzius, Gespräche (Lunyu), übers. von Ralf Moritz, Reclam Verlag, Stuttgart 2017, Kap. XV,24, S. 102, im Folgenden zitiert als „Gespräche"

41   Zitat, Konfuzius, Gespräche, Kap. XV,24, S. 102

42   Zitat, Konfuzius, ebenda, Kap. IV,1, S. 21

43   Zitat, Karl Marx, Betrachtungen eines Jünglings bei der Wahl eines
     Berufes. Deutscher Aufsatz aus dem Jahr 1835, in: Karl Marx,
     Friedrich Engels, Werke in 39 Haupt- und zwei Ergänzungsbänden,
     Dietz-Verlag Berlin 1956, Ergänzungsband 1, S. 594, im Folgenden
     abgekürzt als MEW

44   Zitat, Karl Marx, MEW Ergänzungsband 1, S. 594

45   Zitat, René Descartes, Die Prinzipien der Philosophie, Principia
     Philosophiae, Lateinisch – Deutsch, übers. von Christian Wohlers,
     Felix Meiner Verlag, Hamburg 2005, S. 137, im Folgenden zitiert als
     „Prinzipien der Philosophie"

46   Zitat, René Descartes, Prinzipien der Philosophie, S. 27

47   Zitat, René Descartes, ebenda

48   Zitat, Immanuel Kant, KrV, S. 13 (A XII)

49   Zitat, Immanuel Kant, KrV, S. 98 (A 52/B 76)

50   Zitat, Immanuel Kant, KrV, S. 559 (A 636/B664)

51   Zitat, Immanuel Kant, KrV, S. 45 (B 1,2)

52   Zitat, Immanuel Kant, KrV, S. 98 (B 76, 77/A 52)

53   Zitat, Immanuel Kant, KrV, S. 33 (BXXX, BXXXI)

54   Zitat, Epikur, überliefert durch Lucius Caelius Firmianus Lactantius,
     in: Lactantius, De ira Dei, Vom Zorn Gottes, lateinisch und deutsch,
     hrsg. v. Heinrich Kraft et al., Hermann Gentner Verlag, Darmstadt
     1957, Kap 13.20 und 13.21, S. 47

55   Zitat, ebenda

56   Zitat, Arthur Schopenhauer, Die Welt als Wille und Vorstellung, Band
     II, zweiter Teilband, Züricher Werksausgabe „Werke in 10 Bänden",
     Diogenes Verlag, Zürich 1977, Kap. 46, Band 4, S. 680, im Folgenden
     zitiert als „Welt als Wille II/2, Band 4"

57   Zitat, Arthur Schopenhauer, Welt als Wille II/2, Kap. 46,
     Band 4, S. 683

58   Zitat, Arthur Schopenhauer, Parerga und Paralipomena, Band II,
     erster Teilband, Züricher Ausgabe, Parerga II/1, § 156, Band 9, S. 326,
     im Folgenden zitiert als „Parerga II/1 Band 9"

59   Zitat, Parerga II/1, § 155, Band 9, S. 327

60   Zitat, John Rawls, Eine Theorie der Gerechtigkeit, Suhrkamp Verlag,
     München 1979, S. 160, im Folgenden zitiert als „Theorie der
     Gerechtigkeit"

61 Zitat, John Rawls, Eine Theorie der Gerechtigkeit, S. 173

62 Zitat, John Rawls, ebenda

63 Zitat, John Rawls, ebenda, S. 179

64 Zitat, John Rawls, ebenda, S. 336

65 Zitat, John Rawls, ebenda, S. 32

66 Zitat, John Rawls, ebenda, S. 83

67 Zitat, Arthur Schopenhauer, Parerga II/1, § 146, Band 9, S. 311

68 Zitat, Arthur Schopenhauer, Parerga II/1, § 150, Band 9, S. 317

69 Zitat, Arthur Schopenhauer, Parerga I/2, Einleitung, Band 8, S. 344

70 Zitat, Friedrich Wilhelm Hegel, Vorlesungen zur Philosophie der Geschichte, Suhrkamp Verlag, Frankfurt am Main 1986, Bd. 20, S. 32 in: Hegel, Georg Wilhelm Friedrich, Werke in 20 Bänden, Suhrkamp Verlag, Frankfurt am Main 1986, im Folgenden zitiert als „Philosophie der Geschichte"

71 Zitat, Friedrich Wilhelm Hegel, Philosophie der Geschichte, S. 31

72 Zitat, Friedrich Wilhelm Hegel, ebenda

73 Zitat, Friedrich Wilhelm Hegel, ebenda

74 Zitat, Friedrich Wilhelm Hegel, ebenda, S. 528 f.

75 Zitat, Friedrich Wilhelm Hegel, Phänomenologie des Geistes, S. 591

76 Zitat, Friedrich Wilhelm Hegel, Zitat, Georg Wilhelm Friedrich Hegel, Phänomenologie des Geistes, Vorrede, S. 24

77 Zitat, Friedrich Wilhelm Hegel, Zitat, Phänomenologie des Geistes, S. 74

78 Zitat, Friedrich Wilhelm Hegel, ebenda, S. 147

79 Zitat, Friedrich Wilhelm Hegel, ebenda, S. 551

80 Zitat, Karl Marx, Friedrich Engels, Manifest der Kommunistischen Partei, in: Karl Marx, Friedrich Engels, Werke in 39 Haupt- und zwei Ergänzungsbänden, Dietz-Verlag, Berlin 1956, Band 4, S. 462, im Folgenden zitiert als „Manifest der Kommunistischen Partei"

81 Zitat, Karl Marx, Friedrich Engels, Manifest der Kommunistischen Partei, MEW, Band 4, S. 462

82 Zitat, Theodor W. Adorno, Negative Dialektik, Suhrkamp Verlag, Taschenbuch Wissenschaft, Frankfurt am Main 1980, S. 314, im Folgenden zitiert als „Negative Dialektik"

83 Zitat, Max Horkheimer, Theodor W. Adorno, Dialektik der Aufklärung, Philosophische Fragmente, Fischer Taschenbuch Verlag, Frankfurt am Main 2001, S. 9, im Folgenden zitiert als „Dialektik der Aufklärung"

84   Zitat, Max Horkheimer, Theodor W. Adorno, Dialektik der
     Aufklärung, S. 15
85   Zitat, Theodor W. Adorno, Minima Moralia, Reflexionen aus dem
     beschädigten Leben, Suhrkamp Verlag, Frankfurt am Main 1988,
     Aphorismus 29, S. 57, im Folgenden zitiert als „Minima Moralia"
86   Zitat, Michel Foucault, Überwachen und Strafen, Die Geburt des Ge-
     fängnisses, Suhrkamp Verlag, übers. von Walter Seitter, Frankfurt am
     Main 1976, S. 279, im Folgenden zitiert als „Überwachen und Strafen"
87   Zitat, Michel Foucault, Überwachen und Strafen, S. 260
88   Zitat, Michel Foucault, Die Ordnung der Dinge, Eine Archäologie
     der Humanwissenschaften, übers. von Ulrich Köppen, Suhrkamp
     Verlag, Frankfurt am Main 1971, S. 462, im Folgenden zitiert als
     „Ordnung der Dinge"
89   Zitat, Karl R. Popper, Objektive Erkenntnis, Ein evolutionärer
     Entwurf, Gebundene Ausgabe, Hoffmann & Campe Verlag, Hamburg
     1973, S. 253, im Folgenden zitiert als „Objektive Erkenntnis"
90   Zitat, Karl R. Popper, Die Zukunft ist offen, S. 49
91   Zitat, Karl R. Popper, ebenda. S. 49
92   Zitat, Karl R. Popper, ebenda, S. 50
93   Zitat, Karl R. Popper, Die Logik der Forschung, in: Gesammelte Werke
     in deutscher Sprache, Bd. 3, Studienausgabe, Mohr Siebeck Verlag,
     Tübingen 2005, S. 3, im Folgenden zitiert als „Logik der Forschung"
94   Zitat, Karl R. Popper, Die Zukunft ist offen, S. 52
95   Zitat, Immanuel Kant, KrV, S. 72 (B 38, 39/A 24)
96   Zitat, Immanuel Kant, KrV, S. 78 (B 46,47/A 31)
97   Zitat, Martin Heidegger, Sein und Zeit, Max Niemeyer Verlag,
     Tübingen 1979, S. 259, im Folgenden zitiert als „SuZ"
98   Zitat, Martin Heidegger, SuZ, S. 258
99   Zitat, Martin Heidegger, ebenda, S. 254
100 Zitat, Martin Heidegger, ebenda, S. 263 f.
101 Zitat, Martin Heidegger, ebenda, S. 308
102 Zitat, Martin Heidegger, ebenda, S. 266

In dieser Reihe erschienen:

Walther Ziegler
Adorno in 60 Minuten
1. Auflage: Oktober 2017
92 Seiten, gebunden, € 16,99
ISBN 978-3-7448-6481-7

Walther Ziegler
Arendt in 60 Minuten
1. Auflage: August 2018
120 Seiten, gebunden, € 16,99
ISBN 978-3-7528-8845-4

Walther Ziegler
Buddha in 60 Minuten
1. Auflage: Juli 2021
148 Seiten, gebunden, € 16,99
ISBN 978-3-7543-1753-2

Walther Ziegler
Camus in 60 Minuten
1. Auflage: Juli 2015
84 Seiten, gebunden, € 16,99
ISBN 978-3-7386-1437-4

Walther Ziegler
Descartes in 60 Minuten
1. Auflage: Dezember 2021
124 Seiten, gebunden, € 16,99
ISBN 978-3-7557-1602-0

Walther Ziegler
Epikur in 60 Minuten
1. Auflage: Oktober 2021
108 Seiten, gebunden, € 16,99
ISBN 978-3-7543-5142-0

Walther Ziegler
Foucault in 60 Minuten
1. Auflage: Dezember 2019
136 Seiten, gebunden, € 16,99
ISBN 978-3-7504-1276-7

Walther Ziegler
Freud in 60 Minuten
1. Auflage: Juli 2015
96 Seiten, gebunden, € 16,99
ISBN 978-3-7386-1426-8

Walther Ziegler
Habermas in 60 Minuten
1. Auflage: März 2017
128 Seiten, gebunden, € 16,99
ISBN 978-3-7431-8735-1

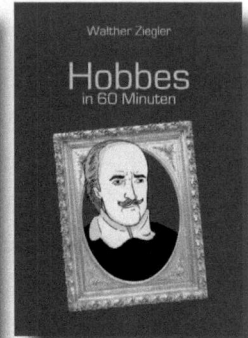

Walther Ziegler
Hegel in 60 Minuten
1. Auflage: Juli 2015
128 Seiten, gebunden, € 16,99
ISBN 978-3-7386-1058-1

Walther Ziegler
Heidegger in 60 Minuten
1. Auflage: Juli 2015
108 Seiten, gebunden, € 16,99
ISBN 9-7837-3861-413-8

Walther Ziegler
Hobbes in 60 Minuten
1. Auflage: Januar 2019
84 Seiten, gebunden, € 16,99
ISBN 9-7837-4810-128-4

Walther Ziegler
Kafka in 60 Minuten
1. Auflage: April 2021
144 Seiten, gebunden, € 16,99
ISBN 978-3-7534-6364-3

Walther Ziegler
Kant in 60 Minuten
1. Auflage: Juli 2015
144 Seiten, gebunden, € 16,99
ISBN 978-3-7386-1410-7

Walther Ziegler
Konfuzius in 60 Minuten
1. Auflage: Dezember 2020
132 Seiten, gebunden, € 16,99
ISBN 9-783-7526-6986-2

Walther Ziegler
Marx in 60 Minuten
1. Auflage: Juli 2015
112 Seiten, gebunden, € 16,99
ISBN 978-3-7386-1421-3

Walther Ziegler
Nietzsche in 60 Minuten
1. Auflage: Oktober 2017
157 Seiten, gebunden, € 16,99
ISBN 978-3-7448-6492-3

Walther Ziegler
Platon in 60 Minuten
1. Auflage: Juli 2015
112 Seiten, gebunden, € 16,99
ISBN 978-3-7386-2138-9

Walther Ziegler
Popper in 60 Minuten
1. Auflage: Dezember 2019
112 Seiten, gebunden, € 16,99
ISBN 978-3-7504-1275-0

Walther Ziegler
Rawls in 60 Minuten
1. Auflage: Januar 2018
104 Seiten, gebunden, € 16,99
ISBN 978-3-7528-4913-4

Walther Ziegler
Rousseau in 60 Minuten
1. Auflage: Juli 2015
112 Seiten, gebunden, € 16,99
ISBN 978-3-7386-1428-2

Walther Ziegler
Sartre in 60 Minuten
1. Auflage: Juli 2015
116 Seiten, gebunden, € 16,99
ISBN 978-3-7386-1423-7

Walther Ziegler
Schopenhauer in 60 Minuten
1. Auflage: Dezember 2017
116 Seiten, gebunden, € 16,99
ISBN 978-3-7460-1060-1

Walther Ziegler
Smith in 60 Minuten
1. Auflage: Juli 2015
100 Seiten, gebunden, € 16,99
ISBN 978-3-7386-1439-8

Walther Ziegler
Wittgenstein in 60 Minuten
1. Auflage: April 2018
116 Seiten, gebunden, € 16,99
ISBN 978-3-7460-8227-1

Der Autor:

Dr. Walther Ziegler ist promovierter Philosoph, Journalist und Hochschullehrer. Als Auslandskorrespondent, Reporter und Nachrichtenchef des Fernsehsenders ProSieben produzierte er Filme auf allen Kontinenten. Seine Reportagen wurden mehrfach preisgekrönt. Von 2007 – 2016 leitet er eine University of Applied Sciences und unterrichtet seine Studentinnen und Studenten in den Fächern TV-Journalismus, Dramaturgie und Philosophie. Er ist Autor zahlreicher philosophischer Bücher. Als langjährigem Journalisten gelingt es ihm, das komplexe Wissen der großen Philosophen spannend und verständlich auf den Punkt zu bringen. Seine Buchreihe „Große Denker in 60 Minuten" wird in sechs Sprachen übersetzt und findet weltweit begeisterte Leserinnen und Leser.